_____ 님께

비록 10평 남짓한 자그마한 공간에서 시작했지만 '창업형 인간'으로
변신을 시도하고 끊임없이 스스로를 채찍질했기에 남들과 다른, 오히려 더 큰
기적을 만들어낸 CEO 22명의 이야기가 담겨 있습니다.

_____ 드림

이 책은 유명 프랜차이즈를 홍보하기 위한 것이 아니다. 유명 프랜차이즈 CEO들의 단순한 성공 스토리도 아니다. 저자는 수많은 프랜차이즈 브랜드 중에서 '프랜차이즈를 위한 프랜차이즈'가 아니라 '독립 창업에서 프랜차이즈 사업'으로 변모한 업체를 선별하고, 차별화된 경쟁력을 지닌 프랜차이즈 CEO들의 성공 노하우를 정리해 '실패하지 않는 창업'의 모범 답안을 제시하고 있다. 《일요신문》 연재 종료로 그냥 흘려보내기엔 아까운 내용들이, 신문 지면에 미처 담지 못했던 얘기들과 다양한 사진까지 더해져 읽을거리와 볼거리가 더욱 풍성해졌다. 이 책을 꼼꼼히 읽은 독자라면 또 다른 기적의 주인공이 될 수 있을 것이다.

－ 이성로 일요신문 경제팀장

창업 시장에서 성공을 거두려면 무엇보다 고객의 구매 심리를 잘 파악해야 한다. 손님이 상품을 구입하거나 서비스를 이용하려는 마음이 들 수 있도록 하나부터 열까지 완벽한 준비를 갖춰야 하는 것이다. 이 책을 읽어본 나는 저자가 돌다리도 두드려보고 건너려는 예비 창업자의 심리를 누구보다 잘 파악하고 있다는 느낌을 받았다. 창업자라면 한번쯤은 꿈꾸는 프랜차이즈 사업의 성공 노하우를 CEO를 통해 직접 소개하고, 실전 활용이 가능하도록 핵심 내용을 되짚어주고 있기 때문이다. 책을 다 읽고 나면 새로운 세계가 당신을 기다리고 있을 것이다.

－ 와바 이효복 사장

창업 시장은 변화를 넘어 이제 변신에 변신을 거듭해야만 살아남을 수 있는 치열한 생존 시장이 되어버렸다. 이제 한 가지의 경쟁력만으로는 소비자를 만족시킬 수 없다. 날로 변화무쌍해지고 있는 소비자의 욕구를 충족시키려면 다양하고 섬세한 전략이 요구되는 것이다. 어디서부터 어떻게 시작해야 할지 막막하다면 어려움을 슬기롭게 극복한 프랜차이즈 CEO들의 경험담이 담긴 이 책이 좋은 길잡이가 되어줄 것이다. 그것도 한 사람이 아니라 다양한 업종에서 성공을 거둔 22명의 지혜가 모여 있으니 말이다. 기적의 노하우를 잘 활용해 창업 시장에 또 다른 블루오션이 나타나기를 기대해 본다.

— 카페띠아모 김성동 사장

갈수록 치열해지는 창업 시장에서 교육의 중요성은 더욱 커지고 있다. 이제 주먹구구식 창업으로는 더 이상 성공을 기대하기 어렵다. 소상공인진흥원을 비롯해 관련 기관에서 교육 프로그램을 꾸준히 진행하고 있는 이유다. 다양한 커리큘럼 중에서 경험자들의 얘기만큼 가슴에 와 닿으며 효과적인 것도 없다. 창업 고수들의 이야기라면 더 말할 것도 없다. 밑바닥부터 경험을 쌓아온 프랜차이즈 CEO들의 다양한 경험과 노하우를 담은 『10평의 기적』은 예비 창업자들에게 나아갈 방향을 알려주는 좋은 지침서가 될 것이다.

— 소상공인진흥원 김성근 교육컨설팅팀장

누구나 처음으로 창업 시장을 노크할 때는 두려움이 크다. 두려움을 해소하기 위해 안전장치를 찾을 수밖에 없다. 창업 전문 서적을 탐독하기도 하고, 전문 교육 기관에서 교육열을 불태우기도 한다. 창업 전문가를 찾아 창업 시장의 법칙, 공식, 매뉴얼을 알려달라고도 한다. 하지만 창업 시장에는 늘 예외 규정이 너무 많다. 창업 시장을 둘러싼 변수가 너무나 많기 때문이다. 그런 의미에서 성실한 현장 창업전문가인 저자가 한 자 한 자 발로 쓴 현장의 창업 스토리는 의미가 크다. 물론 이 책에 소개된 모든 스토리가 교과서일 수는 없다. 하지만 그 어떤 스토리에도 한두 가지 벤치마킹 포인트는 숨어 있기 마련이다. 이러한 포인트를 나의 노하우로 연결시킨다면 창업 시장의 진정한 승자로 자리매김할 수 있으리라 확신한다. 창업 전문가인 저자의 의미 있는 향후 행보가 기대된다.

— 스타트비즈니스 김상훈 소장

10평의 기적

10평의 기적

작은 점포로 대박 낸 소자본 창업 성공기

김미영 지음

서울문화사

당신은 창업형 인간인가

'아침형 인간'의 등장으로 'OO형 인간'이 큰 돌풍을 일으킨 적이 있다. 아침형 인간은 아침을 지배하는 사람이 곧 성공을 거머쥘 수 있다는 주장이다. 일찍 일어나는 새가 먹이를 많이 먹는다는 속담과 일맥상통하는 얘기다. 남들이 곤히 자는 새벽부터 일과를 시작해서 시간 관리를 잘하면 아무래도 그렇지 않은 사람에 비해 성공을 거둘 확률이 높아질 것은 당연하다. 그래서인지 서점에서 이와 관련한 자기계발서가 불티나게 팔렸다. 그러자 아침형 인간과 반대되는 '저녁형 인간'도 등장했다. 늦게 자고 늦게 일어나는 것이 오히려 효율적이라는 주장이 등장한 것이다. 호주 애들레이드 대학교 연구팀은 인간의 두뇌 활동이 최고조에 달하는 시간대가 하루 중 저녁시간이라는 연구 결과를 발표해 '저녁형 인간' 이론에 힘을 실어줬다.

이후 다양한 'OO형 인간'이 봇물처럼 쏟아져 나오기 시작했다. 스트레스를 지양하는 다소 즉흥적인 인간을 말하는 '대충형 인간'이 등장하는가 하면 사람의 성향이나 기질에 따라 '햄릿형 인간(생각은 많고 신중하나 행동이 따르지 않는 우유부단한 사람)', '돈키호테형 인간(아무 생각 없이 무조건 행동으로 돌진하는 사람)'도 나타났다. 이렇듯 우리 사회에 갑작스럽게 'OO형 인간'이 등장해 유행어처럼 번지기 시작한 이유는 뭘까? 그 원인을 찾기 위해서는 일본에서는 2만 부도 팔리지 않았던 책 『아침형 인간』이 우리나라에서는 90만 부나 판매됐다는 점에 주목할 필요가 있다.

과거에는 개인이 조직의 구성원에 불과했다면 현대 사회는 전문성이 강조되면서 개개인의 역할이 더욱 중요해지고 있다. 의사 결정 역시 헤드쿼터가 아니라 각 분야의 전문가들의 판단에 따라 정책이 실행되는 '권한 이양'의 추세가 더욱 두드러지고 있다. 따라서 스스로 역량을 강화해야만 제대로 된 판단을 내릴 수 있고 경쟁 우위를 확보할 수 있으므로 '개인의 변화'와 '자아성장, 자아계발에 대한 욕구'가 폭발적으로 커진 것으로 보인다. 당시 출판가의 유례없는 불황 중에도 자기계발 관련 서적들이 전년 대비 10퍼센트 이상(인터넷 서점 예스24 집계) 신장률을 보인 것이 이를 반증한다고 볼 수 있다. 노동부를 비롯한 각종 기관에서도 근로자의 직무 능력을 향상시키는 프로그램의 지원자가 늘어났고, 인터넷에는 자기계발 관련 '카페'가 폭발적으로 증가했다.

그러나 지나친 것은 모자란 것만 못한 법이다. 이러한 열풍에 지나치게 몰입하다보니 강박관념이 생겨서 오히려 피로감이 가중되고 효율이 떨어지는 역효과가 나타나기도 했다. 그래서 최근에는 'OO형 인간이 되려고 애쓰지 마라'는 내용의 책이 나와 관심을 끌고 있다. 일부러 트렌드에 맞춰 'OO형 인간'이 되려고 노력하는 것보다 자신의 체질과 생활 리듬에 맞게 시간 관리를 꼼꼼하게 하는 편이 효율적이라는 것이다.

창업자들에게 어울리는 'OO형 인간'은 어떤 것일까? 출퇴근 시간이 규칙적인 조직 속 인간이라면 시간 관리가 오히려 용이할 수도 있다. 그러나 상황에 따라 영업 시간이 달라지기도 하고 하루 종일 매장에 붙어 있어야 하는 창업자의 경우 업종에 따라 자신에게 맞는 시간 관리법이 달라지므로 딱히 아침형 인간이나 저녁형 인간이 맞다고 얘기할 수 없을 것이다. 예를 들어 주점 창업자는 저녁형 인간이 맞을 것이고, 음식점 창업자라면 아침형 인간이 맞을 수 있다.

그렇다면 창업자들에게 맞는 '○○형 인간'은 없는 것인가? 창업 전문 컨설팅업체인 스타트비즈니스 김상훈 소장은 '창업형 인간'이 되라고 말한다. 창업형 인간이란 한마디로 서비스를 잘하며 멀티플레이에 능수능란한 인간이다. 음식점이 든 판매점이든, 손님에게 무형 또는 유형의 서비스를 제공하고 그 대가로 돈을 받는다. 손님들은 응당 자신이 지불하는 돈만큼 대접 받기를 원한다. 그렇다고 해서 손님이 원하는 만큼만 서비스를 제공하면 만사 오케이일까? 그러면 안타깝게도 장사의 하수에 머무르고 만다.

장사의 고수는 이보다 반 발짝 앞서간다. 손님이 원하는 것 이상을 제공해서 만족을 넘어 감동을 선사하고 마음을 사로잡는 이가 바로 장사의 고수다. 손님들의 발걸음이 끊이지 않는 가게를 살펴보라. 손님이 원하는 것 이상의 서비스를 제공하고 있음을 발견할 수 있다. 창업자라면 누구나 이러한 고수가 되기를 원한다. 그러나 절대로 하루아침에 고수가 되지는 않는다. 개업과 동시에 대박을 터뜨릴 수 없는 것도 이러한 이유에서다. 창업 초보자라면 끊임없는 준비와 노력을 통해 스스로 변신에 성공한 후 창업 시장에 발을 내딛는 것이 조금이라도 실패 확률을 줄일 수 있는 확실한 방법이다.

변신을 위한 노력은 먼저 과거의 모습에서 벗어나는 것에서 출발한다. 자신을 가두고 있는 기존의 틀을 과감히 깨뜨려야 비로소 변신이 시작되는 것이다. 이에 소요되는 시간과 정성은 사람에 따라 다르겠지만, 누구에게나 녹록치 않다. 문제는 힘든 시간을 지혜롭고 슬기롭게, 그것도 장기간 견뎌낼 수 있느냐 하는 것이다.

대부분의 창업자들이 '손님에게 친절한 서비스를 펼치는 것이 뭐 어렵겠어?'라며 자신 있게 매장에 나서지만, 막상 현장에서 손님들과 마주하고 종업원들과 부대끼는 순간 자신감은 어디론가 사라져버리기 일쑤다. 자신보다 어려 보이는 손님의 오만하고 무례한 태도를 웃으며 받아내는 일도, 자신의 마음처럼 움직여주지 않는 종업원에게 한마디 하는 일도 쉽지가 않다. 30~40년 혹은 그 이상 '갑'의 입장에 서 있었기 때문이다. 손님과 종업원을 대하는 자신의 모습이 어색하고 불편한 것은 당연한 일인지도 모른다. 그러나 언제까지고 그 모습이었다간 손님도 종업원도 모두 떠나버릴 수 있다. 자신감이 붙지 않는다면 높은 산의 정상에 올라 성취감을 맛보거나 전단지를 직접 들고 거리로 나서서 생면부지의 사람들과 얼굴을 맞대는 것도 좋은 방법이다.

소비자들은 운영자가 어떤 행동을 취하느냐에 따라 구매를 결정하는 경향이 있다. 아무리 좋은 상품을 갖췄더라도 운영자가 비호감이면 그 점포는 오래 살아남기 어렵다. 그러나 새로운 내가 되고 나면 자신을 상품화시키는 것은 '식은 죽 먹기'다. 기존의 틀에서 벗어난 모습을 보면 소비자들은 신뢰하게 되고, 종업원들 역시 자연스럽게 어우러지는 것이다.

매출이 올랐다고 뼛속까지 '창업형 인간'이 된 것은 아니다. 그러려면 장기적인 그림을 그릴 수 있어야 한다. 당장의 이익만을 좇아서는 장수할 수 없다. 빈대 잡으려다 초가삼간 태운다는 속담처럼, 눈앞에 놓인 작은 이익에 급급하다가는 최악의 경우 점포 문을 닫아야 하는 수도 생긴다. 그러므로 지금부터는 20년 이상 앞을 내다볼 수 있는 새로운 눈을 길러야 한다. 멀리 내다보면 당장은 손실을 볼 수 있지만 나중에 더 큰 이익으로 돌아올 가능성이 높다.

지금부터 소개할 프랜차이즈 CEO들은 비록 10평 남짓한 자그마한 공간에서 시작했지만 '창업형 인간'으로 변신을 시도하고 끊임없이 스스로를 채찍질했기에 남들과 다른, 오히려 더 큰 기적을 만들어낼 수 있었다.

이 책을 내면서 감사해야 할 사람들이 많다. 책을 낼 수 있는 계기를 만들어주신《일요신문》이성로 경제팀장, 기자라는 새로운 길로 이끌어주시고 언제나 아낌없는 격려를 보내주시는《시사저널》김진령 전문기자, 창업에 무지했던 필자의 스승이 되어주신 스타트비즈니스 김상훈 소장, 임경수 소장, 그리고 취재에 협조해주신 프랜차이즈 CEO 여러분께 감사의 말씀을 드린다.

끝으로 책을 쓰는 동안 곁에서 따뜻한 지지와 격려를 아끼지 않았던 남편《파이낸셜뉴스》전용기 기자와 두 돌도 안 된 우리 딸 태연이에게 고마움과 미안함, 사랑의 마음을 가득 담아 보낸다.

2010년 10월

김미영

기적 뒤에 숨은 비밀_ 성공의 노하우

3장

또 다른 기적을 위하여_ 성공을 위한 X파일

4장

기적의 디딤돌

성공을 위한 기초 쌓기

실패와 부끄러움 중 어느 것이 더 두려운가? 실패가 두렵다면 지금 당장 전단지를 들고 거리로 나가라. 그리고 사람들과 눈을 맞추며 전단지를 손에 쥐어줘라. 가게로 들어오는 손님은 뛰어나가 맞이하라. 나가는 손님은 문밖까지 배웅하라. 진심에서 우러나온 서비스인지 가식적인 서비스인지 누구보다 먼저 알아차리는 사람이 손님이다.

어깨의 힘을 빼면 못할 일이 없다.

잘나가던 나 vs 잘나가는 나

창업 시장에 뛰어드는 사람 중 십중팔구는 번듯한 사업체를 운영했거나 꽤 괜찮다는 직장에 다니던 '잘나가던' 사람들이다. 사업 실패나 명예퇴직으로, 아니면 예전부터 창업을 꿈꿔왔다는 다양한 이유로 창업 시장에 발을 들이지만, 통계에 따르면 이들이 성공할 확률은 고작 20퍼센트 미만이라고 한다. 그 이유는 무엇일까? 아이템이 대중적이지 않아서? 점포 입지가 좋지 않아서? 인테리어가 유행에 뒤처져서?

이와는 달리, 창업 컨설턴트들은 실패의 원인이 대개 창업자 자신에게 있다고 입을 모은다. 그들이 잘나가던 시절의 모습을 쉽게 벗어 버리지 못하기 때문이라고 말이다. 그러나 실패한 창업자들은 컨설턴트의 냉철한 분석을 받아들일 수가 없다. 아니, 받아들이려 하지 않는다. 망한 것도 억울한데 망한 원인이 자신에게 있다니, 납득할 수가 없는 것이다. 이러한 반응은 어쩌면 당연한 것인지도 모른다. 누구나 성공을 꿈꾸며 사업을 시작하지, 실패라는 결과를 예상하지는 않기 때문이다. 더구나 누구보다 열심히 준비하고 성공을 위해 노력해왔는데, 그 원인이 자신에게 있다니 청천벽력과도 같은 말이다.

그렇다면 '잘나가던' 사람이 어떻게 실패라는 결과를 초래하게 되는 걸까? 창업 시장에서는 매일이 전쟁터라고 해도 과언이 아니다. 신선하고 값싼 재료를 구입하려면 새벽시장에 직접 나가야 하고, 점포에 돌아와서는 청소, 식재료 다듬기 등 손님 맞을 준비도 해야 한다. 사무실 책상에 앉아 서류를 뒤적이던 것과는 달리, 우선 육체적으로 힘

66 과거에서 벗어나는 순간 현실에 더욱 충실하게 됐고, 결국 성공할 수 있었다. 99

본죽의 김철호 사장

2009년 동짓날, 본죽 김철호 대표와 부인 최복이 본죽 연구소 소장이 앞치마를 두르고 노인들에게 450인분의 팥죽을 무료로 나눠줬다.

들다. 그러나 창업자들이 무엇보다 견디기 힘들어하는 것은 몇 천 원, 몇 만 원을 벌기 위해 손님들의 비위를 맞춰야 하는 자신의 처지다. 하루아침에 갑에서 을로 바뀐 상황이 당황스럽기 그지없다.

10평의 기적을 이룬 프랜차이즈 CEO들도 이러한 과정을 거쳤다.

82㎡ 점포에서 '죽을 쑤다가' 전국 1,500여 개 점포, 4개 브랜드의 프랜차이즈 CEO가 된 본죽 김철호 사장에게도 한때 무역업체를 운영하며 잘나가던 시절이 있었다. 그러나 1997년 IMF를 맞아 회사가 부도나면서 한순간에 나락으로 떨어졌다. 그 후 다시 일어서기 위해 요리학원 총무, 길거리 호떡 장수 등 다양한 직업을 경험했다.

처음에는 예전에 잘나가던 모습이 떠올라 부끄러웠지만, 이내 생각을 바꿀 수밖에 없었다. 부끄럽다고 소극적으로 영업에 임했더니 매출이 통 오르지 않았던 것이다. 어려운 상황이 지속되자 절박한 심정이 되었고, 어깨에 잔뜩 들어간 힘을 뺐더니 못할 일이 없더란다. 그는 "과거에서 벗어나는 순간 현실에 더욱 충실하게 됐고, 결국 성공이라는 결과물을 얻었다"며 그때를 돌이켰다. 자신의 경험에 비추어 볼 때, 예비 창업자들이 "예전에 잘나가던 자신의 모습을 버리고 현재에 충실해야만 성공을 거머쥘 수 있다"고 강조한다.

고대 앞 명물인 영철버거의 이영철 사장은 "세상에 절대로 공짜로 주어지는 것은 없다. 이루겠다는 목표를 가지고 절실한 마음으로 부단히 노력한다면 어떠한 고통과 시련도 견뎌낼 수 있다"고 강조한다. 국민학교 4학년 때 상경해서 액세서리 공장 직원, 중국집 배달원, 레스토랑 지배인과 조리사, 일용직 노동자와 노점상을 거쳐 햄버거 가

세상에 절대로 공짜로
주어지는 것은 없다.
이루겠다는 목표를
가지고 절실한 마음으로
부단히 노력한다면
어떠한 고통과 시련도
견뎌낼 수 있다.

영철버거 이영철 사장

노점에서 점포형 사업자로, 프랜차이즈 기업을 이끄는
CEO로 변신했지만, 고급 승용차보다 작은 오토바이
가 더 잘 어울린다는 소신으로 현장 일선을 누비고 있
다.

게를 오픈하기까지 그의 인생은 파란만장 그 자체였다.

이 사장은 건설 현장에서 벽돌공으로 일하다가 몸을 다쳐 생계가
막막해지자 지푸라기라도 잡는 심정으로 햄버거 만드는 일에 뛰어들
었고, 2000년부터 고려대 앞에서 '영철버거'라는 이름으로 만들어 팔
기 시작했다. 지금은 길거리 햄버거의 대명사가 된 '영철버거'라는 이
름은 외대 앞에서 6개월간 햄버거를 만들어 팔 때 서울시립대생이 붙
여준 이름라고 한다. 그는 천성적으로 쑥스러움을 많이 타서 처음엔
학생들에게 말도 제대로 못 걸었다. 배우지 못한 열등감 때문에 학생
이 우러러 보여서 얼굴을 마주 보지도 못했다. 그렇게 소극적인 그에
게 햄버거를 사 먹는 이는 드물었다.

그러나 부양할 가족을 생각하니 눈앞이 캄캄했다. 그는 마음을 바꿔

먹고 학생들을 친동생처럼 편안하게 대하려 노력했다. 1,000원이라는 싼 가격을 의심할 만큼 푸짐한 양의 버거에 그의 인간미가 더해지면서 영철버거는 고대생들에게 인기를 끌기 시작했고 하루에 2,000여 개가 넘는 햄버거를 판매하면서 대박을 터뜨렸다.

원조쌈밥, 한신포차 등 19개 브랜드, 300여 개 매장을 거느리고 있는 (주)더본코리아 백종원 사장도 "식당 사장이라는 게 부끄러웠던 철없던 시절이 있었다"고 솔직히 털어놓았다. 손님들이 "야, 여기 반찬 더 줘", "여기 물 좀 가져와" 등 반말을 내뱉으면 겉으로는 "네네" 하면서 싹싹하게 대답했지만, 속으로는 "좋은 집안 출신에 남부럽지 않은 대학까지 나왔는데 손님 같지 않은 손님의 심부름이나 하고 있다"는 생각에 울화가 치밀었다고 한다. 속으로 '내가 너보다 낫다'는 꽁한 생각을 마음속에 품고 지내다 보니 스트레스는 더욱 심해졌고, 결국 몸뿐만 아니라 정신까지 피폐해졌다. 운영자의 마음이 떠난 쌈밥집이 한 달에 몇 백만 원씩 적자를 보는 식당이 된 것은 어쩌면 당연한 일이었는지도 모른다.

나중에야 정신을 차린 백 사장은 손님의 소중함을 알게 됐고, 체면이고 뭐고 버리고 "어서 오세요, 감사합니다, 이리 앉으세요"라며 뛰어나가 인사하며 오랜만에 만나는 가족을 대하듯 손님을 맞이하기 시작했다. 얼굴에 덮인 가면이 벗겨지자 손님은 하나둘 늘어나기 시작했고, 급기야 줄을 서서 기다리는 맛집으로 이름을 떨치게 되었다.

이렇듯 정글만큼이나 경쟁이 치열한 창업 시장에서 생존하려면 '잘나가던 나의 모습'은 과감히 버려야 한다. 무뚝뚝한 표정으로 카운터

66 겉으로는 '네네' 하면서 싹싹하게
대답했지만 속으로는 울화가
치밀었다. 나중에 얼굴에 덮인
가면이 벗겨지자 손님은 하나둘
늘어나기 시작했고, 급기야 줄을
서서 기다리는 맛집으로 이름을
떨치게 되었다. 99

(주)더본코리아 백종원 사장은 얼굴을 덮고 있는 가면
을 벗는 것이 무엇보다 중요한 일이라고 강조한다.

에 앉아 계산이나 하고 종업원만 부려먹는 고압적인 자세, 숟가락이
떨어지든 젓가락이 떨어지든 나 몰라라 하는 태도, '오려면 오고 가려
면 가라'며 안하무인으로 손님을 맞이하는 표정은 "우리 점포는 곧 문
닫을 예정입니다"라고 광고하는 것이나 다를 바 없다.

실패와 부끄러움 중 어느 것이 더 두려운가? 실패가 두렵다면 지금
당장 전단지를 들고 거리로 나가라. 그리고 사람들과 눈을 맞추며 전
단지를 건네라. 가게로 들어오는 손님은 뛰어나가 맞이하라. 나가는
손님은 문밖까지 배웅하라. 진심에서 우러나온 서비스인지 가식적인
서비스인지 가장 먼저 알아차리는 사람이 손님이다. 고객을 감동시킨
다면 '잘나가던 나'의 모습은 현재뿐 아니라 미래에도 '잘나가는 나'의
모습으로 충분히 바뀔 수 있다.

2

눈물 젖은 빵을 먹어보지 않은 자,
창업은 꿈도 꾸지 말라

최근 가수 비가 '2010 MVT 무비 어워즈'에서 한국인 최초로 '최고의 액션 스타(Biggest Badass Star)' 상을 받으면서 화제를 불러일으켰다. 그는 세계적인 스타 안젤리나 졸리, 채닝 테이텀, 크리스 파인, 샘 워싱턴을 제치고 수상하는 영예를 누리며, 다시 한 번 월드스타로서의 면모를 과시했다.

지금은 화려한 스포트라이트를 받고 있지만, 비는 데뷔 당시 그다지 좋은 평을 받지 못했다. 그룹이 대세였던 연예계에서 솔로 데뷔를 준비하던 그를 많은 사람들은 회의적으로 바라보았고, 심지어 무시하는 사람들도 있었다. 당시에 비는 "잠이고 밥이고 다 필요 없다, 무조건 너희들한테 보여주겠다"는 각오로 이를 악물고 연습에 연습을 거듭했다고 한 토크쇼에서 밝힌 바 있다. 그러나 이보다 더 힘든 것은 배고픔과 자기 자신과의 싸움이었다. 오디션에 합격하고도 무려 3년 8개월간이나 연습생으로 지내는 바람에 수입이 없어서 늘 배고픔과 싸워야 했다. 눈물 젖은 빵을 먹던 그 시절이 없었더라면, 주위의 무시에 이를 악물었던 시절이 없었더라면, 과연 그는 지금과 같은 성공을 거머쥘 수 있었을까?

10평의 기적을 이룬 주인공들도 눈물 젖은 빵을 먹으며 와신상담하던 시간이 있었다. 뮬란, 상하이문, 상하이델리, 상하이객잔 등 6개의 중식 전문 브랜드를 운영하고 있는 아시안푸드 조미옥 사장은 24살이라는 어린 나이에 창업 시장으로 뛰어들었다. 자신의 의지로 그랬다기보다는 어쩔 수 없는 선택이었다. 부모님이 운영하시던 경기도 안산시청 앞 중국관이 1993년 건물주의 부도로 하루아침에 폐점 위기를 맞게 되면서, 그녀가 직접 팔을 걷어붙이고 나서야 했다. 화교 출신이어서 SKC, 삼성 등 대기업의 중국어 강사 자리가 보장된 상황이었지만, 몸겨누운 부모님을 외면할 수는 없었다.

가게를 되찾겠다고 나섰지만, 20대 초반의 여자가 혼자 할 수 있는 일은 아무것도 없었다. 그녀는 간절하면 이루지 못할 일이 없다는 생각에, 우선 채권자와 거래처를 찾아다녔다. 그리고 경영을 정상화시킨 뒤 부채를 갚겠노라고 설득했다. 어려운 상황이라 버스비도 아까워서, 아무리 먼 거리라도 무조건 걸어 다녔다. 바닥이 닳아서 신지 못하게 된 신발만도 여러 켤레였다. 그렇게 걸으면서 그녀는 가게를 되살릴 방법을 고민했다. 결국 채권자와 납품 대금이 밀린 거래처에서 20대 젊은이의 열정에 한발 물러섰다.

" 직원도 손님도 모두 사람입니다. 사람을 움직이게 하는 것은
마음이고요. 입으로만 일해서는 사람들이 움직여주지 않습니다.
진심으로 사람을 대해야죠. "

아시안푸드 조미옥 사장

조미옥 사장은 부모님의 중식당을 살리기 위해 창업 시장에 뛰어들었다. 6년의 와
신상담 끝에 상가 건물을 통째로 매입해버렸다.

급한 불이 꺼지자 이번에는 본격적으로 매장 운영에 나섰다. 경력
도 경험도 없는 그녀에게 점포 운영은 결코 쉽지 않은 일이었다. 조
회장은 그때를 "정확히 망망대해에 혼자 버려진 느낌"이라고 회상했
다. 그녀를 대하는 직원들도, 손님들도 어색하기는 마찬가지였다. 고
민 끝에 그녀는 무조건 손을 들고 나섰다. 그리고 "제가 할게요"라고
외쳤다.

"직원도 손님도 모두 사람입니다. 사람을 움직이게 하는 것은 마음
이고요. 입으로만 일해서는 사람들이 움직여주지 않습니다. 진심으로
사람을 대해야죠."

작은 체구에 힘은 부쳤지만 웃으며 모든 일에 솔선수범했다. 그러
자 그녀를 지켜보던 사람들이 조금씩 변하기 시작했다. 그녀가 움직
이기 전에 직원들이 먼저 움직이기 시작했고, 미소를 지으며 찾아오
는 손님도 하나둘 늘어났다.

손님이 몇 사람 앉아 있지 않아도 조 사장은 늘 "안녕하세요, 안산
의 명소 중국관입니다"라고 외쳤고, 그 인사말은 6년 뒤 현실이 됐다.
손님들이 줄을 서기 시작했고 예약하지 않으면 식사할 수 없는 곳이

상하이문 원주점

되었다. 식당이 안산의 명소로 자리 잡으면서, 조 사장은 경매로 넘어갈 뻔한 660㎡ 규모의 중국관을 자신의 힘으로 되찾았다.

레스토랑과 맥주집이 결합된 레스펍 치어스 정한 사장은 눈물 젖은 빵이 아니라 눈물로 튀긴 치킨으로 재기에 성공했다. 어려서 부유한 가정에서 자란 정 사장은 인테리어 사업으로 사회에 첫발을 내디뎠다. 건설 경기가 호황이어서 너도나도 건설업에 뛰어들던 시기였다. 그는 중대형 아파트를 대상으로 한 고급 인테리어 사업에 도전했다. 그러다가 IMF가 찾아왔고, 수금이 제대로 이뤄지지 않는 등 자금 관리에 실패하면서 결국 부도를 맞았다. 단 한 번의 어려움도 겪어본 적 없던 그에게 실패는 큰 충격이었다. 두렵기도 하고 부끄럽기도 해서, 빚쟁이가 들이닥치자 무작정 도망쳤다. 그렇게 흘러 들어간 곳이 인천이었다. 가진 게 없어서 노숙 생활까지 하다가, 1년 반이 지나 친구의 도움으로 청량리에 쪽방을 얻어 공사판 일을 시작했다. 그러나 미래는 없었다.

그러던 어느 날 길을 지나가던 노인이 자신을 보고 혀를 끌끌 차는 모습에 정신이 번뜩 들었다. 그 길로 연락을 끊었던 부모님에게 찾아가 무릎을 꿇었다. 매달 이자와 함께 원금을 갚기로 하고 5천만 원을 빌렸다. 그리고 경기도 성남시 이매동에 26㎡ 규모의 치킨집을 열었다. 하루 매출 30~40만 원은 나온다는 치킨집이었다. 그런데 가게 운영에 빨간불이 켜졌다. 예상과 달리 하루 매출이 겨우 10~20만 원에 불과했던 것이다. 시장 조사를 꼼꼼히 하지 않고 중개업소 말만 믿은 것이 화근이었다.

> 66 마지막이란 심정으로 혼자서 모든 일을 도맡아 했다. 그 결과, 대박 매장으로 탈바꿈시킬 수 있었다. 99

치어스 정한 사장

정한 사장은 사업 실패로 노숙자 신세로까지 전락했다가 마지막이라는 심정으로 창업 시장에 투신하여 기사회생했다.

그렇다고 물러설 수는 없었다. 마지막이란 심정으로 혼자서 주문, 조리, 서빙, 배달 등 모든 일을 도맡아 하면서 하루에 3시간씩 자며 일했다. 그 결과, 하루 매출이 10만 원에 불과하던 가게를 150만 원이 넘는 대박 매장으로 탈바꿈시킬 수 있었다. 그리고 2년이 되지 않아 부모님께 빌린 창업 자금은 물론 인테리어 사업으로 생긴 2억 원의 빚도 모두 갚았다.

눈물 젖은 빵을 먹어야 하는 순간은 고통스럽기 그지없다. 그러나 어려움을 극복하다 보면 누구도 따라올 수 없을 만큼 내공이 쌓인다. 눈물 젖은 빵을 참고 먹다 보면 어느 순간 달콤한 크림빵으로, 단팥빵으로 바뀌는 것이다. 기적의 주인공들은 말한다. "눈물 젖은 빵을 먹어보지 않은 자, 창업은 꿈도 꾸지 말라." 아니, "눈물 젖은 빵이 두려운 자, 절대로 창업하지 말라"고 말이다.

3

기적의 원동력은 99퍼센트의 노력과 땀, 1퍼센트의 꿈

누구나 운전하다가 '초보 운전'이라고 써 붙인 자동차를 보면 자신도 모르게 얕보는 마음이 들었던 적이 있을 것이다. 게다가 초보 운전자가 진로를 방해하려는 낌새가 보이면 재빨리 경적을 울려 엄포를 놓는다. 그러나 어느 누구도 처음부터 베스트 드라이버였을 리는 없다. 누구에게나 초보 시절이 있었고, 능숙하게 차선을 변경하는 선배 운전자들을 보며 부러운 마음이 들었던 적도 있었다. 하루라도 빨리 초보 딱지를 떼기 위해 틈만 나면 핸들을 잡았고, 밥을 안 먹어도 배부를 정도로 욕도 실컷 얻어먹었으며, 수많은 실수를 거듭한 끝에 지금처럼 운전할 수 있게 된 것이다.

창업도 운전과 다르지 않다. 누구나 초보부터 시작할 수밖에 없다. 또 치열한 경쟁 속에서 안정적인 자리를 잡으려면 끊임없이 자신을 갈고닦는 노력을 기울여야 한다. 그런데 여기에 남다른 목표가 추가 된다면 더 큰 기적을 이룰 수도 있다.

전국에 70여 개 점포를 둔 실내 포장마차 '버들골이야기'를 개설한 (주)행진프랜차이즈 문준용 사장도 처음에는 손님들이 못 봐줄 정도 로 어설픈 초보였다. 창업 시장에 뛰어든 것은 야심차게 도전했던 유 아용품 제조 사업이 IMF를 맞으면서 크게 실패했기 때문이었다. 생계 를 위해 새로운 일을 찾아야 했던 그는 가끔씩 들르던 포장마차를 떠 올렸다. 간단한 안주만 있으면 되고, 인테리어에도 큰 비용이 들지 않 을 것 같았다. 무엇보다 자금이 넉넉지 않은 그에게는 딱 맞는 아이템

> " 새벽에는 장사하고, 낮에는 서점을 찾아 요리를 공부했다.
> 1년간 노력한 끝에 음식이 제 맛을 찾았다. "

버들골이야기 문준용 사장

문준용 사장은 끊임없는 노력으로 1~2만 원이었던 하루 매출을 200만 원까지 끌어올렸 다.

이라고 생각했다.

2천만 원으로 이태원 뒷골목에 23㎡ 점포를 얻어 실내 포장마차를 열었는데, 점포 앞에 오래된 버드나무가 있어서 가게 이름을 '버들골 이야기'로 정했다. 그런데 막상 가게를 열고 보니 걱정이 이만저만이 아니었다. 점포 비용이 싼 곳을 찾다 보니 작은 규모가 될 수밖에 없었고, 눈에 잘 띄지 않는 뒷골목이어서 손님이 많을 것 같지 않았다. 한편, 손님이 많아도 소화할 수 있을지 걱정이었다.

뚜껑을 열어보니 결과는 형편없었다. 하루 매출이 1~2만 원밖에 되지 않는 날이 이어졌다. 외식업에 대한 경험이 없는 것이 가장 큰 문제였다. 손님들의 평가는 냉정했다. 보기에는 괜찮은데 막상 먹어

호아빈 박규성 사장

66 주변 사람들은 미친 짓이라며
고개를 저었다. 그러나 육수에
자신 있었기에 밀어붙였다. 99

박규성 사장은 끊임없이 시도한 끝에 한국인의 입맛에
맞는 육수를 개발했다.

보면 맛이 없다는 것이었다. 수족관의 멍게가 죽어 있는지도 모르고 놔뒀다가 손님이 지적하는 바람에 놀라서 꺼낸 적도 있었다.

보다 못한 손님들이 '이 메뉴에는 이런 맛이 부족하다', '이 메뉴에는 이런 재료를 더해봐라', '이 메뉴를 잘하는 음식점이 어디어디에 있다더라. 찾아가서 배워봐라' 하는 등 이것저것 조언해주었다. 그는 부족하기만 한 자신을 비난하기는커녕 격려와 응원을 보내는 손님들에게서 큰 힘을 얻었다.

새벽 영업으로 잠은 부족했지만, 낮 시간에 서점을 찾아 요리를 공부하기 시작했다. 책을 구입할 형편이 되지 않아 메모지에 레시피를 꼼꼼히 적었다. 집으로 돌아와서는 적어 온 레시피를 바탕으로 맛있고 색다른 안주를 개발했다. 그렇게 1년간 노력한 끝에 음식이 제 맛을 찾았다. 점포를 찾는 손님도 하나둘 늘어나기 시작했다. 7평 점포에 테이블은 고작 5개뿐이었지만, 1~2만 원에 불과했던 하루 평균 매출이 20만 원을 훌쩍 넘어서더니 어느덧 순수익 200만 원을 기록하기에 이르렀다.

쌀국수전문점 프랜차이즈 '호아빈'을 운영하고 있는 박규성 사장도 대단한 노력파다. 그 역시 사업 실패로 창업 시장에 발을 담그게 됐다. 그는 1990년대 중반에 '게임 왕국'이라는 간판을 내걸고 게임 팩 유통 사업을 했다. 40개 매장을 개설할 정도로 사업은 순조롭게 진행됐지만 좋은 시절도 잠시였다. 게임이 유해성 논란에 휩싸이면서 시쳇말로 한 방에 날아간 것이다. 4년 동안 밤낮없이 일해서 가꾼 사업체였다. 한순간에 투자금 5억 원을 모두 날렸고, 그의 손에 남은 것은

호아빈 일산 라페스타점

호아빈 쌀국수

3,700만 원의 전세금이 전부였다.

　사업이 망했다고 손가락만 빨고 살 수는 없었다. 집을 서울 마포에서 경기도 일산으로 옮기고 새로운 사업을 구상했다. 그때 문득 해장할 때 즐겨 먹던 쌀국수가 떠올랐다. "마니아가 아니더라도 많은 사람들이 즐겨 먹을 수 있도록 대중화하면 어떨까?"라는 생각으로 쌀국수 전문점을 시작하게 된 것이었다.

　그는 쌀국수로 재기를 결심하고, 곧바로 육수를 개발하기 시작했다. 많은 사람들이 거부감을 느끼는 독특한 향을 제거하는 방법을 찾는 일은 생각보다 쉽지 않았다. 온갖 재료를 넣어 끓여보고 맛보고 버리기를 수십 차례 거듭했다. 거주하던 오피스텔에서 모든 작업이 이뤄지다 보니, 쌀국수 특유의 향이 온 건물에 퍼져 입주자들의 항의가 빗발쳤다. 그는 이 상황을 역으로 이용했다. 만든 음식을 주민들에게 대접해서 맛을 테스트해본 것이다. 시간이 지나면서, 불평하던 주민들은 오히려 다양한 음식을 제공하려 노력하는 그에게 든든한 후원자가 되어주었다.

한국인의 입맛을 사로잡는 재료로 떠오른 것이 한약재였다. 정향, 팔각, 계피 등 11가지 한약재를 적절한 비율로 혼합한 결과 강한 향신료의 향을 잡을 수 있었고, 동시에 몸에도 좋은 웰빙 쌀국수가 탄생했다. 2년간의 육수 개발이 끝나고 2003년 10월, 경기도 일산의 상업지구 라페스타 3층에 82㎡ 규모의 쌀국수전문점을 열었다. 마음 같아서는 대로변의 큰 매장을 택하고 싶었지만 창업 자금이 충분하지 않았다. 주변 사람들은 미친 짓이라며 고개를 저었다. 그러나 그의 생각은 달랐다. 무엇보다 육수에 자신이 있었다.

우선 쌀국수에 익숙하지 않은 사람들을 끌어들이는 것이 중요하다고 판단하고, 3개월 동안 수천 장의 무료 시식권을 뿌렸다. 사람들의

호아빈 육수에 사용되는 한약재

버들골이야기 사진 액자

버들골이야기 본점 곳곳에는 고객을 사로잡기 위한 다양한 노력의 흔적들이 숨어 있다.

반응은 시큰둥했다. 그러나 시식권을 들고 매장을 방문한 손님들은 직접 음식을 맛보고 나더니 반응이 달라졌다. 개점휴업 상태였던 점포는 재방문 손님이 하나 둘 늘어나면서 3개월 뒤 하루 매출이 30만 원으로 껑충 뛰어올랐다. 다시 3개월이 지나자 100만 원을 넘어섰다. 점심식사 시간이면 매장이 3층에 있는데도 줄을 길게 늘어서는 진풍경이 연출됐다. 손님을 향한 끊임없는 노력이 기적을 만들어낸 것이다.

창업 시장에서 성공을 만드는 원동력이 99퍼센트의 노력과 땀이라는 것은 불변의 진리다. 메뉴에서부터 고객을 향한 서비스까지 조금도 쉴 틈이 없다. 버들골이야기 이태원 본점의 주방 입구에는 '밀리면 끝이다'라는 문구가 걸려 있다. 치열한 경쟁에서 살아남기 위해서는 잠시의 곁눈질도 허용해서는 안 된다는 얘기다. 현실에 안주하지 않고 더 나은 미래를 꿈꾸는 것도 중요하다. 꿈이야말로 현재를 버텨내는 힘이며 고통을 이겨내는 원동력이기 때문이다.

4

유행을 좇지 말고
유망한 아이템을 찾아라

창업을 준비하는 사람들의 고민 중 하나가 '어떤 아이템을 택하
느냐' 하는 것이다. 아이템 선정은 매우 중요하다. 사업의 성패를 결
정짓는 창업의 핵심 요소 중 하나이기 때문이다. 그래서 아이템을 택
할 때 창업자는 매우 신중해질 수밖에 없다. 한 창업 전문 기관에서
창업을 준비하는 사람들을 대상으로 실시한 설문조사에 따르면 "가장
어렵다고 느끼는 점이 무엇인가?"라는 질문에 대다수가 "아이템 선정
이 가장 어렵다"고 답한 것으로 드러났다. 그다음이 자금, 정확한 창
업 정보, 입지 선정 등의 순서였다.

아이템은 창업자의 적성에도 맞아야 할뿐더러 시시각각 변화하는
소비자의 시선까지 사로잡아야 한다. 그러나 이렇게 두 가지를 동시
에 만족시키는 아이템을 찾아내는 일이 쉽지만은 않다. 창업 전문가

들은 아이템을 선정할 때 현재 유행하는 아이템을 따라 하지 말 것을 강조한다. 많은 사람들이 찾는다고 해서 곧 성공을 뜻하지는 않기 때문이다.

유행 아이템을 선택했을 경우 이미 시장이 과열되어 있는 만큼 동종업체 간의 경쟁이 치열할 것은 뻔하다. 창업자들의 관심이 높은 만큼 창업 비용도 과하게 책정되어 있을 가능성이 높다. 반면 소비자들은 폭넓게 선택할 수 있으므로 가격 또는 서비스 혜택을 더 많이 누릴 수 있는 곳을 선택한다. 결과적으로 운영자 입장에서는 앞으로는 남는데 뒤로는 밑지는, 손해 보는 장사가 될 가능성이 높다. 프랜차이즈의 경우 본사만 배가 부르고 가맹점은 배가 고픈 안타까운 상황이 연출되는 것이다.

그렇다면 모두가 소망하는 유망 아이템은 어떻게 선택해야 할까? 그동안 사회생활을 하면서 얻은 다양한 경험을 바탕으로 자신이 가장 잘 알고 있거나 잘할 수 있는 분야, 동시에 오랫동안 소비자들로부터 꾸준히 사랑 받아온 아이템, 또는 신규 아이템이라 하더라도 남다른 기술력으로 차별화가 가능한 사업이 가장 유망한 아이템이다. 아무리 아이템이 좋아 보여도 운영자가 그것에 대해 잘 모른다면 성공이라는 결과로 이어지기는 힘들다. 소비자들로부터 꾸준히 사랑 받아온 아이템 역시 오랜 기간 검증을 거쳤기 때문에 유망하다고 할 수 있다. 그러나 신규 아이템의 경우 조심스러운 것이 사실이다. 신규 아이템의 경우, 유행과 유망함은 동전의 양면과도 같다. 유망함이 한순간에 유행으로 탈바꿈해 운명을 달리할 수도 있기 때문이다.

유망함과 유행을 나누는 기준은 무엇일까? 소비자 니즈(needs)의 지속성 여부다. 찜닭과 불닭이 좋은 사례라고 할 수 있다. 두 아이템 모두 출연 당시에는 폭발적으로 성장하면서 유망 아이템으로 떠올랐다. 그러나 시간이 지나면서 운명은 극명하게 갈라졌다. 찜닭은 살아남았고, 불닭은 겨우 명맥만 유지하는 수준이기 때문이다. 물론 찜닭도 전성기에 비하면 점포가 상당히 줄어든 셈이다. 그러나 선두 브랜드이거나 경쟁력 있는 맛과 서비스를 유지한 업체는 각 상권에서 10년 가까이 매장을 운영하거나 여러 개의 점포를 운영하는 등 여전히 건재하고 있다. 결국 찜닭을 찾는 소비자는 꾸준한 반면, 불닭을 찾는 소비자는 점차 사라졌다는 뜻이다.

전국에 270여 개의 점포를 둔 아이스크림 카페 '카페띠아모'를 개설한 (주)띠아모코리아 김성동 사장 역시 찜닭 열풍의 한가운데에 서 있었다. 너도나도 찜닭전문점을 개설할 때 그도 젊음의 거리 신촌에 찜닭전문점을 열었다. 단, 남들과 똑같이 해서는 승산이 없다고 판단해서 차별화된 콘셉트를 내세웠다. 카레 찜닭, 다이어트 찜닭, 뼈 없는 찜닭 등 다양한 퓨전 찜닭 메뉴를 내놓은 것이다. 반응은 폭발적이었다. 젊은이들의 다양한 입맛을 사로잡으면서 점포는 이내 6개로 늘었다. 그러나 거기까지였다. 경쟁 점포가 우후죽순으로 등장하는 상황에서 내실을 기해야 했는데 욕심을 부린 것이 화근이었다. 사업을 확장할 요량으로 모아둔 돈을 전부 털어 가공 공장을 차렸다. 시간이 지나면서 고정비는 상승했고, 치열한 경쟁으로 인해 수익은 악화되었다. 결국 경영난이 심화되면서 문을 닫고 말았다. 그는 이렇게 큰 대

한때 창업 시장을 휩쓸었던 pc방과 찜닭. 지금은 대표 브랜드만 살아남았다.

가를 치른 뒤에야 교훈을 얻었다. 남의 말이나 유행을 좇을 것이 아니라 자신이 잘 아는 분야, 자신 있는 분야에 뛰어드는 것이 제대로 된 선택이라는 것이다.

2004년, 그는 오랫동안 경력을 쌓았던 아이스크림 시장으로 돌아왔다. 수중에 남은 돈 100만 원으로 임대료가 저렴한 곳에 17㎡ 규모의 사무실을 마련하고 직원 두 사람과 함께 비수기의 단점을 보완할 아이스크림전문점을 만들겠다고 나섰다. 때마침, 이전에 아이스크림 가맹점으로 인연을 맺었던 창업자가 운영에 어려움을 겪으면서 도움을 요청했다. 그가 계획한 새로운 아이스크림전문점을 시험해볼 수 있는 좋은 기회였다.

경기도 성남시 분당의 주택가 골목에 작은 카페 형태의 젤라또 아이스크림전문점을 열었다. 점포는 작았지만 메뉴는 다양했다. 아이스크림 외에 커피, 샌드위치도 제공했다. 결과는 성공적이었다. 53㎡ 규모의 점포에 사람들이 줄을 서기 시작했다. 하루 매출 50~60만 원을 기록하면서 점포 개설 문의가 이어졌다. 입소문만으로도 12개 점포가 더 세워졌다. 사업성이 충분히 검증됐다고 판단되자, 이번에는 사무실 동네로 진출했다. 2005년 4월, 서울 구로구 구로동에 카페형 아이스크림전문점 '카페띠아모' 1호점을 열었다.

커피만 파는 곳이 아닌 아이스크림 카페에 사람들은 생소하다는 반응을 보였다. 그러나 다양한 메뉴를 한곳에서 이용할 수 있다는 장점에 만족한 고객들이 하나둘 늘어나면서 83㎡ 점포의 월매출은 2천만 원을 훌쩍 넘어섰다. 1호점이 성공을 거두면서 가맹점 문의도 자연스럽게 줄을 이었다.

김성동 사장처럼 산전수전 겪은 경력자도 유행을 타는 아이템 앞에서는 맥없이 무너질 수밖에 없었다. 초보자의 경우 결과는 둘째치더라도 무엇보다 실패했다는 좌절감을 이겨내기가 쉽지 않을 것이다.

가르텐호프&레스트 한윤교 사장도 PC방 창업이 한창 유행하던 시절, 그 대열에 동참했다. 출발은 좋았다. 그러나 주변에 4개의 경쟁 점포가 새로 들어서면서 어려움을 겪기 시작했다. 60~70만 원을 기록했던 하루 매출이 15만 원으로 뚝 떨어졌고, 수익이 점차 악화되면서 결국 8개월 만에 문을 닫고 말았다. 한 사장은 "안 되겠다는 생각에 일찍 털고 나온 것이 그나마 다행"이라고 회상했다. 1억 5천만 원의 투

66 누구나 쉽게 시작할 수
있는 유행 아이템이
아니라 노력 여부에 따라
성공 여부가 결정되는
아이템을 고민했다. **99**

가르텐호프&레스트 한윤교 사장

한윤교 사장은 독특한 아이디어와 기술을 접목시켜
새로운 맥주전문점을 만들어냈다.

자금 중 절반 수준인 7천만 원이나마 챙길 수 있었기 때문이다. PC방 사업을 통해 그는 창업 시장에서 블루오션을 선택해야 하는 필요성을 절감했고, 누구나 쉽게 시작할 수 있는 유행 아이템이 아니라 노력 여부에 따라 지속성과 성공 여부가 결정되는 유망 아이템을 심각하게 고민하기 시작했다.

가르텐호프&레스트 냉각테이블

그렇게 탄생한 것이 먹는 방식이 독특한 가르텐호프&레스트다. 한 사장은 맥주전문점이 시대가 변해도 꾸준히 살아남은 것에 주목했다. 여기에 남들과 다른 요소를 가미하면 '장수와 인기'라는 두 마리 토끼를 동시에 잡을 수 있을 것이라 생각했다. 그렇게 해서 등장한 것이 바로 냉각테이블이다. 그가 개발한 냉각테이블은 맥주가 가장 맛있다는 온도인 4℃를 유지해주는

가르텐호프&레스트 독특한 잔

특허 제품이다. 영하 20도까지 내려가는 온도조절장치가 부착된 냉각홀더에 맥주잔을 넣으면 시간이 지나도 김이 빠지지 않아서 계속 시원한 맛을 느낄 수 있다. 지금까지와는 다른 독특한 방식에 사람들은 열광했다. 유행이 아닌 유망을 택한 결과 새로운 시장을 개척하게 됐

고, 성공까지 거머쥘 수 있었던 것이다.

지금 자신이 선택하려는 아이템이 유망 업종인지 유행 업종인지 판단하기가 어려운가? 그렇다면 우선 1년 내로 지나치게 많은 점포가 개설된 것은 아닌지, 신문과 잡지 등에 특정 업종과 관련한 광고가 집중되고 있는지 살펴보자. 그렇다면 유행 업종이 될 가능성이 높아진다. 아이템에 대한 의지가 확고하다면 본사의 역량을 잘 살펴보고, 독립 점포의 경우라면 스스로의 경쟁력을 높이도록 한다. 찜닭처럼 유행 업종의 낙인이 찍혔더라도 차별성을 갖추고 소비자의 발걸음을 사로잡기 위해 끊임없이 노력한다면, 결국 그 분야에서 전문가로 인정받고 롱런하는 점포가 될 수 있을 것이다.

5

큰 성공 뒤에 숨겨진
실패의 그림자

　창업자라면 누구나 성공을 꿈꾸기 마련이다. 좋은 입지의 점포를 찾고 아이템, 서비스 등 만반의 준비를 하고 도전해도 예상치 못한 변수는 언제든 발생할 수 있으므로 창업 시장에서의 성공은 결코 쉬운 일이 아니다. 더구나 초보자라면 처음부터 성공을 거머쥘 확률은 크지 않다. 그런데도 행운의 여신이 당신의 손을 들어주어 성공을 거뒀다면, 그것도 엄청난 대박을 터뜨렸다면 그 결과가 당신에게 이익이 될까, 손해가 될까? 결론부터 말하자면 손해가 될 가능성이 높다. 내공이 쌓이기도 전에 큰 성공을 맛보면 위기 상황이 닥쳤을 때 어려움을 극복하기가 쉽지 않기 때문이다. 처음부터 성공한 사람은 차근차근 단계를 밟아온 사람에 비해 충격의 정도가 몇 배에 달해 극심한 좌절감에 빠질지도 모른다.

꿈터

신촌의 꿈터는 창업 초보였던 이호경 사장에게 큰 성공을 가져다주었다.

　상추나 깻잎과 같은 야채가 아닌, 얇은 떡피에 고기를 싸 먹도록 해서 센세이션을 일으킨 '떡쌈시대' 이호경 사장도 일찌감치 큰 성공을 거뒀다가 좌절을 겪은 뒤 다시 일어선 경우다. 떡피는 이호경 사장이 지난 2005년에 자신이 직접 개발해 만든 아이디어 상품으로, 사실은 실패를 극복하기 위한 돌파구였다.

　자동차 디자이너 출신인 그는 1999년 IMF 때 직장 생활을 접고 창업 시장으로 뛰어들었다. 9천만 원을 가지고 신촌에 '꿈터'라는 83㎡ 규모의 고깃집을 열었다. 당시 대학가에는 2,000~3,000원의 저가형 고깃집이 대세였다. 그러나 그는 반대 전략을 펼쳤다. 분위기 있는 곳에서 제대로 된 고기를 먹고 싶어 하는 사람들이 반드시 있을 것이라 생각하고, 매장을 카페처럼 고급스럽게 꾸민 것이다. 고기 역시 품질이 좋은 것으로 들여와서 가격을 인근 점포의 2~3배 수준인 7,000~8,000원으로 책정했다. 그 대신 손님이 충분히 만족할 수 있도록 맛과 서비스에 최선을 다했다. 예상은 어긋나지 않아서, 손님들이 줄을 서기 시작했다. 개업 한 달 만에 하루 매출 150~250만 원을 기록했다. 자신감이 붙자, 더 넓은 곳으로 옮기면 더 크게 성공을 거둘 수 있을 것이라는 욕심이 생겨났다. 2001년, 서울의 중심인 종로로 진출했다. 매장 규모도 215㎡로 배 이상 넓혔다. 그러나 기대와 달리 결과는 참담했다. 매출이 점점 하향곡선을 그리기 시작하더니 하루 매출이 6만 5,000원까지 떨어지는 상황이 벌어졌다. 차라리 꿈이었으면 싶었다.

한가한 시간이 생기자 자신을 뒤돌아봤다. 왜 이렇게 됐을까? 장사가 잘되니 손님이 돈으로 보이기 시작했다. 또 손님을 맞이하는 데만 급급해서 메뉴 개발도 등한시했다. 게다가 고객의 소리에는 귀를 기울이지 않았다. 원인을 따져보니 손님이 떨어져나가는 것은 당연했다. 이 사장은 "너무 빠른 성공이 욕심으로 이어졌고, 결국 초심을 잃으면서 실패라는 결과를 만들어낸 것 같다"고 회상했다.

이 사장은 일단 한발 물러서서 마음을 다잡았다. 가게를 지인에게 맡기고 직장으로 돌아가 실패한 원인을 분석했다. 그리고 다시 일어설 방법을 고민했다. 몸은 직장에 있었지만 자나 깨나 가게를 다시 살릴 생각뿐이었다. 그런데 당시 유행하던 월남쌈이 눈에 들어왔다. 당시 고기와 곁들여 먹는 것이라곤 깻잎과 상추 정도였는데, 고기도 월남쌈처럼 쌀피에 싸 먹으면 어떨까 하는 생각이 든 것이다. 곧바로 테스트에 나섰다.

그러나 월남쌈의 쌀피에 싸 먹는 것은 번거로웠다. 먼저 쌀피를 따뜻한 물에 담가 부드럽게 만들어야 했는데, 고기 구우랴, 쌀피 만들랴 정신이 없었다. 또 쌀피를 담글 물 접시를 테이블에 올려놓으면 다른 반찬을 둘 공간이 부족해지는 것도 문제였다. 고민 끝에 우리 고유의 음식인 '떡'으로 방향을 전환했다. 말랑말랑한 떡을 밀전병처럼 얇게 만들어서 삼겹살을 싸 먹어보니 떡의 고소함이 더해져 고기 맛이 더욱 좋아졌다. 한입에 들어가도록 떡의 크기를 조절하고 상호도 '떡쌈시대'로 바꿨다. 점포도 개선하기로 했다. 고객의 편의를 고려해 40개에 가까웠던 테이블 수를 절반 정도인 25개로 줄였다.

주변의 사람들은 대부분 "삼겹살집에 무슨 떡피냐", "망할 것이다"

66 너무 빠른 성공이 욕심으로 이어졌고, 결국 초심을 잃으면서 실패라는 결과를 불러왔다. 99

떡쌈시대 이호경 사장

이호경 사장은 채소가 아닌 떡피에 고기를 싸 먹는 방법으로 대박을 터뜨렸다.

떡쌈시대 매장

다양한 떡피와 소스

등 부정적인 반응을 보였다. 그러나 이 사장은 50퍼센트의 가능성만 있어도 시도해볼 만한 가치가 있다고 생각했다. 다시 개업하면서 전단지 한 장 돌리지 않았는데 손님이 밀려들기 시작했다. 6만 5,000원을 기록했던 하루 매출은 한 달 만에 180만 원을 넘어섰다. 입소문이 나면서 두 달째부터는 400만 원을 넘어섰다.

'값싸고 맛있는 닭' 사바사바치킨으로 가맹점 120여 개를 개설한 (주)마세다린 정태환 사장도 성공과 실패의 롤러코스터를 한 차례 겪고 나서야 제자리를 찾을 수 있었다. 정 사장은 24세라는 젊은 나이에 사업을 시작했다. 1994년에 부모님의 화훼 농가 일을 돕다가 괜찮은 사업 아이디어를 발견했던 것이다.

당시 대부분의 화훼 농가에서는 꽃을 자르고 묶기 위해 600만 원을 호가하는 고가의 네덜란드산 자동화 기계를 사용하고 있었다. 손으로 작업하기에는 너무 많은 시간과 노력이 들기 때문에 가격이 비싼 수입산 기계를 울며 겨자 먹기로 사용하고 있던 상황이었다. 그런데 일본에서 우연히 40만 원 정도에 불과한 기계를 발견했다. 가격은 네덜란드산 기계의 15분의 1 수준인데, 성능은 전혀 떨어지지 않았다. 대박을 예감한 정 사장은 수입 대행업체를 수소문했고, 한국으로 기계를 들여왔다.

예상대로 농민들의 반응은 폭발적이었다. 한 달에 700~800만 원의 순수익이 떨어질 정도로 장사가 잘됐다. 시간이 지나자 수도권에서 전국으로 판매 영역을 확대했다. 사업은 순조로웠다. 전국 화훼 농가를 찾아가 일을 도와주며 제품을 홍보하면 자연스럽게 구매로 이어졌다. 그러나 좋은 것도 거기까지였다. 믿었던 수입 대행업자가 수억 원에 이르는 판매 대금을 들고 도망간 것이다. 한순간에 그는 5억 원이라는 빚더미에 앉고 말았다.

정 사장은 "화훼 기계 사업을 6년 동안 했다. 그동안 내가 도움을 줬던 친구들이 많았는데, 사업이 망하니 손을 내밀어도 잡아주는 친구가 한 명도 없더라. 잘나갈 때일수록 돌다리도 다시 한 번 두드려보고 관리를 잘했어야 했는데, 실패 경험이 없어서 몰랐다"며 아쉬움을 나타냈다.

정 사장 역시 절망에 빠졌다고 주저앉을 수는 없었다. 빚쟁이들에

> " 잘나갈 때일수록 돌다리도 다시 한 번 두드려보고
> 관리를 잘했어야 했는데, 실패 경험이 없어서 몰랐다. "

사바사바치킨 정태환 사장

정태환 사장은 화훼 기계 사업으로 큰 성공을 거뒀다가 실패한 후, 파닭치킨으로 다시 일어섰다.

사바사바치킨 매장

게 쫓겨 여기저기 방황하
다가 공사장에서 일당 4만
5,000원을 받으며 일을 하
기 시작했다. 처음에는 자
신을 배신한 사람과 돕기
를 거절한 사람 모두를 떠
올리며 분을 삭이지 못했
다. 그러나 열심히 일하면
서 이런 마음은 서서히 바
뀌기 시작했다. 반드시 재
기해서 새롭게 성공한 모
습을 보여주겠다고 다짐

했다. 만날 사람도 없고 돈을 쓸 곳도 없다 보니 6개월 동안 모은 돈이
무려 1,200만 원이었다.

그러던 어느 날, 모처럼 휴일을 맞아 외출한 그에게 새로운 기회가
찾아왔다. 재래시장을 구경하다가 할머니 한 분이 가마솥에 튀겨서
5,000원에 파는 닭이 눈에 들어왔다. 별것 없어 보였는데도 사람들이
줄을 길게 늘어서 있었다. 순간 '이거다' 하는 생각이 번뜩 들었다. 공
사장을 그만두고 그동안 모아둔 돈으로 치킨집을 열었다. 장소는 경
기도 광주에 위치한 중대형 마트 앞이었다. 마트를 찾는 사람들을 대
상으로 5,000원짜리 닭을 팔기 시작한 것이다. 처음부터 장사가 잘되
지는 않았다. 그러나 시간이 지나자 싸고 맛있는 닭을 파는 곳이라고

입소문이 났고, 손님이 줄을 서면서 창업자들까지 몰려들었다.

이번에는 200~500만 원 정도 받고 창업 노하우를 알려주는 일에 나섰다. 자신이 운영하던 자리는 1,500만 원의 권리금을 받고 다른 사람에게 넘겼다. 2000년부터 2001년까지 그가 개설한 점포만 100여 곳. 이러한 경험이 바탕이 되어 이후 사바사바치킨이라는 가맹 사업까지 열게 된 셈이다.

이렇듯, 처음부터 큰 성공을 거뒀던 두 사람은 실패를 통해 아주 값진 것을 경험했다. 그리고 심기일전하여 보란 듯이 다시 일어섰고, 이때의 경험은 지금처럼 더욱 크게 성공할 수 있는 밑받침이 되었다. 준비되지 않은 상태에서 거둔 성공은 아이러니하게도 실패라는 결과로 이어질 수 있다. 가장 안전하다고 생각할 때가 가장 위험한 순간이 될 수도 있다는 사실을 명심해야 한다.

6

기적은 준비된
자를 위한 선물

'기회'는 앞머리는 있으나 뒷머리는 없다고 한다. 그래서 기회와 맞닥뜨리면 앞머리에는 머리카락이 있어서 쉽게 붙잡을 수 있지만, 지나가고 나면 다시는 붙잡지 못하게 된다.

그렇다면 기회인지 아닌지 분간할 수 있는 판단력은 어떻게 기를 수 있을까? 기회라고 판단했을 때 단번에 머리끄덩이를 확 잡아당길 수 있는 가장 좋은 방법은 무엇일까? 진부한 대답일지 모르겠지만 정답은 '준비성'이다. 준비된 사람은 자신에게 다가오는 기회가 보이면 곧바로 붙잡을 수 있지만, 그렇지 않은 사람은 놓치고 나서 후회하게 된다. 다시 말해, 성공의 여신은 준비된 자에게만 미소를 보낸다. 준비되지 않은 자는 미소는커녕 사라져가는 민머리만 바라보며 하염없이 기다림의 시간을 보내야 한다.

“ 주 고객들이 젊은 엄마들이어서
익숙하지 않은 컴퓨터부터
배웠다. ”

부모마음 박영순 사장

박영순 사장은 베이비시터 교육 프로그램까지 마련해
업계 대표 브랜드로 이미지를 굳히고 있다.

사실 창업 시장에서 기회는 더욱 현실적이다. 준비를 했느냐 안 했느냐가 아니라 준비를 얼마나 했느냐에 따라 성패는 물론 성공의 규모 역시 달라질 수 있기 때문이다.

베이비시터 파견업체 '부모마음'을 운영하고 있는 박영순 사장은 늦은 나이에 창업 시장에 뛰어들었지만 1만 2,000여 명의 부모 회원과 8,700여 명의 시터 회원을 확보하는 등 성공적으로 기반을 다졌음은 물론, 업계 대표 브랜드로 이미지를 굳혀가고 있다. 그리고 성공의 비결은 철저한 준비에 있었다.

박 사장은 베이비시터를 이용하는 주 고객층이 젊은 엄마들이라는 사실을 감안하여, 먼저 익숙하지 않은 컴퓨터 배우기에 나섰다. 동시에 베이비시터 교육 기관에서 3개월 동안 240시간의 교육 과정을 수

료했다. 이를 통해 기존 베이비시터 교육의 문제점을 파악할 수 있었다. 지금까지 실시해온 베이비시터 교육은 이론에 불과할 뿐이고, 젊은 엄마들을 만족시킬 만한 실전 프로그램이 아니었다. 그래서 수많은 아동 서적과 전문가들까지 동원하여 실생활에 적용할 수 있는 베이비시터 교육 과정을 직접 만들어내기로 했다. 기본적인 아기 돌보기는 물론 동화 구연, 독서 지도 교육, 연령에 맞는 놀이 등 15~80시간에 걸친 체계적인 교육 과정을 마련했다.

부모의 마음과 똑같이 아이를 돌본다는 뜻으로 '부모마음'이라는 간판을 내걸고 베이비시터 5명을 채용한 후, 경기도 일산을 대상으로 사업을 시작했다. 그러나 결과는 신통치 않았다. 홍보의 어려움으로 부모 회원은 물론 시터를 모집하기가 쉽지 않았다. 고민 끝에 교육 프로그램을 가지고 경기도 고양시 여성개발센터의 문을 두드렸다. 프로그램을 살펴본 담당자의 반응은 시큰둥했다. 아이를 돌보는 데 전문 교육까지 필요하겠느냐는 말이었다. 그는 현대 직장 여성들의 생활 패턴을 조목조목 설명하며 설득에 나섰다.

"육아는 부모를 대신하는 것입니다. 부모들은 자신보다 아이를 더 잘 키워줄 사람을 찾아요. 그러니 체계적인 교육은 필수입니다."

시범 강의가 좋은 반응을 얻으면서, 맞춤 보육 프로그램이 고정 강의로 등록됐다. 2002년에는 경기도 안양시에 첫 지점을 개설했다. 그런데 문제가 발생했다. 부모 회원들은 가까운 곳에서 곧바로 투입될 수 있는 전문 인력을 요구하는데, 해당 지역에 교육을 이수한 전문 시터가 없었던 것이다. 그나마 확보한 시터 지원자들도 교육을 받기 위

베이비시터와 아기

베이비시팅 현장

해 안양에서 일산까지 움직이기가 쉽지 않다고 호소했다. 길이 없다면 길을 내야 한다. 이번에는 서울을 비롯한 각 지역 여성인력개발센터를 돌아다니기 시작했다. 결국 전체의 3분의 2에 해당하는 센터에 베이비시터 교육 프로그램을 고정 강좌로 등록시킬 수 있었다.

시터 채용과 투입도 까다롭게 관리했다. 시터의 신원은 물론 건강까지 꼼꼼히 점검하고, 사투리가 아닌 표준말을 사용하도록 했다. 교육을 완료한 시터는 연령별로 투입했다. 신생아에서 만 36개월까지의 아이에게는 경험이 많은 40대의 노련한 시터를, 만 3세 이상의 아이에게는 공부를 도와줄 수 있도록 20대 중반에서 30대의 젊은 베이비시터를 투입했다. 물론 엄마들의 요구 사항도 충분히 반영했다.

여성인력개발센터에서 진행하는 체계적인 교육 과정을 이수한 사람이 시터로 활동하자, 이용자들의 반응도 달라졌다. 이렇게 입소문이 나면서 부모 회원 수가 부쩍 늘었고, 지점을 내고 싶다는 사람들도 찾아오게 되었다.

농업회사법인 (주)다하누를 운영하고 있는 최계경 회장의 성공 역시 꼼꼼한 준비에서 비롯됐다. 주목할 만한 점은 사람들이 몰리는 상권이 아니라 남들이 거들떠보지도 않는 시골 마을을 선택해서 하나부터 열까지 전 과정에 세심하게 공을 들였다는 사실이다. 최 회장은 아무도 주목하지 않았던 강원도 영월에 고기 마을을 조성하여 점포비, 인건비, 식자재 등의 굵직한 비용을 줄이고, 오히려 도시의 손님을 끌어오는 방법을 택하면서 한산했던 시골 마을을 연매출 780억 원을 기록하는 한우 마을로 탈바꿈시켰다.

그가 강원도 영월에 주목한 것은 그곳이 그의 고향이기 때문이다. 시기도 잘 맞아떨어졌다. 마침 사업 영역을 확대하려는 시점에 수입 쇠고기에 밀려난 한우 농가가 눈에 들어왔던 것이다. 상생할 수 있는 방법이 있을 것 같았다. 그는 고향인 강원도 영월이 지닌 장점을 찾아봤다. 서울에 비해 10분의 1 수준으로 점포 비용이 저렴했으며, 가족을 활용할 수 있어서 인력 수급이 용이하고 인건비 부담이 크지 않다는 점, 인근에서 직접 재배한 채소를 사용할 수 있어서 식자재 비용을 줄일 수 있다는 것이 가장 큰 장점으로 꼽혔다. 단점은 음식점 이용 고객이 턱없이 부족하다는 것이었다. 외부 인구 유입이 적다 보니 대부분의 음식점은 하루

다하누 본점

최계경 회장은 고향인 강원도 영월에 한우 마을을 조성하여 도시의 손님을 끌어왔다.

1~2만 원의 매출을 올리는 수준이었다.

그래서 손님을 끌어들이는 방법으로 값싼 가격을 택했다. 산지에서 곧바로 들여온 고기를 정육점에서 손질하여 식당에서 바로 판매하면 불가능할 것도 없었다. 이를 위해 고향 어른들과 선후배들을 찾아가 설득에 나섰다. 한우를 값싸게 파는 정육점과 식당이 있는 마을을 만들면 서울 사람들이 관광버스를 타고 찾아올 것이라고 설명했다. 처음에 그의 얘기를 들은 마을 사람들의 반응은 시큰둥했다. 뜬구름 잡는 얘기는 하지도 말라며 핀잔을 주는 이도 있었다. 겨우 몇 사람을 설득해 정육점 1곳, 식당 3곳의 문을 열었다. '다 한우만을 판매한다'는 뜻으로 '다하누촌'이라는 브랜드를 내걸었다.

이제 사람들을 끌어올 차례였다. 그는 영월군 내 42개 마을 촌장들을 찾아가 도와달라고 부탁했다. 그리고 다하누촌 개장을 하루 앞둔 2007년 8월, 이들과 함께 서울역 퍼포먼스를 진행했다. 한복을 입은 60~70대 노인 40여 명이 태극기와 '한우 300그램을 8,000원에 판매한다'는 현수막을 들고 '강원도 영월군 주천면 섶다리마을'로 한우를 먹으러 오라며 2시간 동안 홍보 활동에 나선 것이다. 노인들의 단체 행동과 파격적인 한우 가격은 사람들의 시선을 사로잡기에 충분했다.

결과는 성공적이었다. 개업 첫날에만 3,000여 명의 손님이 몰리더니 보름 후에는 수도권과 다하누촌을 잇는 관광버스가 다니기 시작했다. 사람들이 몰려들자 주민들의 반응도 달라졌다. 너도나도 식당이나 정육점을 하겠다고 찾아오기 시작했다. 1곳이던 정육점이 12곳으로, 3군데였던 식당도 50여 곳으로 늘어났다. 사람들의 방문이 늘어나면서 하루 2~3만 원 매출을 올리기도 어려웠던 식당의 매출 역시 크게 올랐다. 2007년 5개월 동안의 다하누촌 매출은 47억 원, 2008년에는 127억 원, 2009년에는 780억원의 매출을 기록했다. 이 중 직영점(정육점 3곳) 매출만 152억 원이고, 다하누촌 방문자 수도 150만 명을 넘어섰다.

박영순 사장과 최계경 회장의 화려한 성공에는 이렇듯 남들이 모르는 치밀한 준비 과정이 숨어 있었고, 이는 기회를 넘어서 기적을 만들어내는 원동력이 되었다. 성공을 바라고 기적을 바란다면 기회를 놓치지 않도록 촘촘한 그물망과 같은 준비 과정이 필요하다.

다하누 전경

강원도 영월군 다하누촌을 찾은 소비자들

다하누 전경

강원도 영월군의 다하누 매장

다하누 서울역 퍼포먼스

노인들이 태극기를 들고 퍼포먼스를 펼쳐 다하누촌의 존재를 확실히 알렸다.

7

모든 것은 '왜 그럴까'라는
의문에서 시작된다

성공하기 위해 필요한 것은 타고난 재능이 아니라 질문하는 습관이다. '왜, 어떻게'라는 질문의 답을 찾아 헤매다가 새로운 시장을 발견하게 되기도 하고, 남들은 미처 생각지도 못했던 번뜩이는 아이디어를 찾아낼 수도 있기 때문이다. 2005년에 우리나라에도 소개되면서 사회 전반적으로 센세이션을 불러일으켰던 '블루오션 전략' 역시 '경쟁으로부터 자유로워질 수는 없을까?'라는 의문에서 시작되었다.

창업 시장에서 성공한 CEO 역시 이런 평범한 질문을 거쳐 새로운 시장을 만들어낸 경우가 많다. 찾아가는 잉크, 토너 충전 서비스 '잉크가이'를 운영하고 있는 (주)유니비스 최윤희 사장 역시 평범한 일상 속에서의 의문을 사업 아이템으로 연결시켰고, 보기 좋게 성공을 거뒀다.

그런데 사실 최윤희 사장이 처음 시작한 사업은 잉크 충전업이 아니었다. 그는 오랫동안 전자상거래, 컴퓨터 솔루션 구축, 유통 사업 등을 진행해왔다. 그러나 2003년에 IT 거품이 꺼지면서 사업이 어려워졌다. 고민을 거듭하던 어느 날, 머리를 식히려고 비디오를 빌려 보는데 늦은 저녁 시간이라 배가 고팠다. 그때 문득 '간식을 배달해주는 비디오 대여 업체는 왜 없을까?'라는 의문이 들었다. 괜찮은 사업이 될 수도 있겠다 싶어서 과감히 실행에 옮겼다.

소비자가 빌려 보고 싶은 비디오나 DVD와 함께 간식을 인터넷에서 선택하면 가맹점주가 이를 직접 배달해주는 방식이었다. 운영 중

66 사소한 의문이었지만
그냥 넘기지 않고
그 의문의 답을 찾아
헤매다가 결국 새로운
시장을 만들어냈다. 99

잉크가이 최윤희 사장

최윤희 사장은 평범한 일상 속의 평범한 의문을 통해 아이디어를 찾아냈다.

인 회사가 인터넷 전자상거래 시스템을 기반으로 하고 있어서 사업은 순조롭게 진행됐다. '비디오맨' 가맹점은 차량을 이용하여 무점포로 개설할 수 있었고, 창업 비용도 500~800만 원으로 낮게 책정했다. 소비자의 가려운 곳을 긁어주는 틈새 아이템이 등장하자 예비 창업자들이 몰려들었다. 가맹점수가 1년 만에 300여 개로 늘어났다.

두 번째 아이템 역시 생활 속 의문에서 찾아냈다. 최 사장은 평소 사무실에서 일하다가 프린터 잉크가 떨어질 때마다 불편함을 느꼈다. 잉크 충전방을 직접 찾아나서야 했고, 충전도 그 자리에서 당장 이뤄지는 것이 아니라 하루에서 이틀 정도 걸리니 답답하기 그지없었다. 결국 비싼 돈을 주고 정품을 구입한 적이 한두 번이 아니었다.

"요즘은 자장면, 피자와 같은 음식은 물론 휴대폰도 고장이 나면 찾아가는 서비스를 하고 있는데, 프린터 잉크 충전은 왜 방문 서비스가 안 될까? 전문가가 사무실로 직접 방문해 잉크를 바로바로 충전해준다면 얼마나 좋을까?" 하는 생각이 들었다.

사소한 의문이었지만, 그는 그냥 넘겨버리지 않았다. 자신과 같이 방문 잉크 충전 서비스를 원하는 사람들이 많을 것이라는 생각이 들어서 사업화에 나섰다. 조사해보니 무엇보다 사업의 핵심인 휴대용 잉크 충전 장비를 확보하는 일이 중요했다. 그러나 기존 시장에서는 마음에 드는 제품을 찾을 수 없었다. 성능이 괜찮으면 너무 크고 무거워서 휴대할 수 없었고, 크기가 적당하면 성능이 마음에 들지 않았다. 결국 직접 장비 개발에 나섰다. 제품 개발은 생각보다 쉽지 않았다. 공장에서 사용하는 냉장고만 한 크기의 충전 기계와 같은 성능을 가진 휴대용 장비를 만드는 데 1년의 시간이 걸렸다.

장비 개발 외에 해결할 문제는 또 있었다. 재생품에 대한 부정적인 인식을 불식시킬 수 있는 고품질의 리필용 잉크 개발, 여기에 고객을 만족시킬 수 있는 신속하고 정확한 충전 서비스가 병행되어야 한다는 것이었다. 이를 위해 그는 시중에 유통되는 리필용 잉크보다 2배 이상 비싼 고급 잉크 원액을 사용하고, 체계적인 교육 시스템도 마련했다.

잉크가이 생산 현장

모든 준비가 끝나자 비디오맨 사업을 정리하고 2005년 3월에 잉크 방문 충전 브랜드 '잉크가이'를 론칭했다. 점포 없이 500만 원으로 창업이 가능한 방문 잉크 충전 사업에 창업자

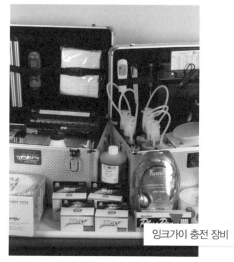

잉크가이 충전 장비

들의 반응은 뜨거웠다. 한 달에 30~40개의 가맹점이 개설될 정도로 창업자들의 관심이 뜨거웠다. 기존 잉크 충전방 운영자를 비롯해 투잡

> 소풍이나 나들이에 빠지지 않던 김밥이 푸대접 받는 현실이 의문스러웠다. 〞

(주)김가네 김용만 회장

김용만 회장은 명품 김밥으로 분식점의 혁명을
일으켰다.

을 원하는 직장인까지 다양한 사람들이 창업을 문의했다. 소비자들
의 반응도 마찬가지였다. 새 제품의 3분의 1에서 적게는 10분의 1의
가격으로 품질 좋은 잉크를 사용할 수 있고, 번거롭게 잉크 충전방을
찾아다니며 발품을 팔지 않아도 되니 만족도가 높았던 것이다.

이렇게 생활 속 불편에 대한 작은 의문이 찾아가는 잉크 충전 서비
스라는 새로운 시장을 만들어냈고, 가맹점 800여 개라는 놀라운 성과
로 이어진 셈이다.

김밥전문점의 대표 주자인 (주)김가네 김용만 회장의 성공도 평범
한 의문에서 시작됐다. 1990년 당시에 가격이 싼 먹을거리에 불과했
던 김밥에 물음표를 던진 것이다. "소풍이나 나들이에 빠지지 않던 김
밥이 왜 음식점에서는 푸대접을 받느냐는 거죠."

김 회장은 당시 분식점에서 판매하는 김밥의 제조 방식과 과정에 문제가 있다고 판단했다. 대부분의 분식점에서는 김밥을 주방에서 미리 만들어 판매했고, 속 재료도 3~4가지밖에 되지 않아 만족도가 높지 않았던 것이다. 그는 속 재료를 8~9가지로 늘리고, 동시에 멸치김밥, 멸추(멸치+고추)김밥 등 지금껏 보지 못했던 다양한 종류의 김밥을 메뉴에 포함시켰다. 주방에서 미리 싸서 내놓는 제조 방식에도 의문을 가지고, 인테리어에 변화를 줬다. 쇼윈도형 인테리어로 김밥 제조 공간을 입구 쪽에 마련하여 손님이 보는 앞에서 김밥을 말기로 한 것이다. 고객이 주문하는 즉시 김밥을 만들어 제공하는 방식을 도입했다. 출입문 위쪽에 설치한 환풍기 역시 손님을 끌어들이는 데 효자 노릇을 했다. 금방 한 밥에 참기름, 깨소금 등을 넣어 버무리는 고소한

(주)김가네 대학로점

(주)김가네 김밥

냄새가 환풍기를 통해 외부로 흘러나가 후각을 자극하여 지나가는 손님을 끌어들이는 역할을 한 것이다. 동시에 김밥을 만드는 과정과 다양한 재료는 매장 안에 있는 손님들의 시각과 미각을 만족시켰다.

다른 곳에는 볼 수 없는 맛과 독특한 시스템이 등장하자 소비자의 반응은 폭발적이었다. 가게 밖으로 길게 줄을 늘어서는 것은 물론, 하루 40~50만 원에 불과했던 매출 역시 4배 이상 껑충 뛰었다. 3년 뒤에는 바로 옆에 있는 20㎡ 규모의 비디오 가게까지 인수했고, 직영점 수도 6개로 늘어났다.

이렇듯 생활하면서 느끼는 작은 불편과 그에 대한 의문이 새로운 시장을 만들고 시스템을 구축하는 원동력이 되기도 한다. 작은 의문이라도 놓치지 말고 답을 찾다 보면 생각지도 못한 아이템을 떠올리게 될 것이다.

8

대중성과 독특함,
두 얼굴을 가져라

창업을 고민하는 사람들은 대개 특별한 아이템이나 소비자들의 시선을 단번에 사로잡을 수 있는 독특한 아이템이 없을까 하고 고민하게 마련이다. 그래서 남들이 다 하는 것에는 왠지 마음이 끌리지 않는다. 누구나 할 수 있는 일을 나도 하는 것은 자존심 상하는 일이라고 생각하기도 한다. 또 경쟁자가 많으면 매출을 올리기도 어렵다고 생각해서 아예 경쟁자가 없는 블루오션을 찾아 헤맨다.

그러나 이것은 매우 위험한 발상이다. 물론 경쟁자라고는 나타날 수 없을 만큼 독보적이며 최고의 기술이 있다면 성공할 가능성이 전혀 없는 것도 아니다. 그렇지만 창업은 모름지기 소비자의 입장을 고려해야 하는 일이다. 아무리 경쟁자가 없는 블루오션이라도 소비자가 찾지 않는 시장이라면 개점휴업 상태가 된다. 오라는 손님은 나타나지 않고 파리만 날리다가 결국 문을 닫아야 할지도 모른다.

오히려 성공 확률을 높이려면 소비자들이 많이 찾는 아이템을 선택해야 한다. 물론 경쟁이 치열할 것은 불 보듯 뻔하다. 그러므로 그런 상황에서 살아남기 위해서는 나만의 필살기가 있어야 한다. 즉, 대중 속에서 독특함을 만들어야 하는 것이다.

맥주는 대중적인 아이템이다. 그러나 수입맥주는 대중성 면에서 다소 떨어지는 아이템이다. 와바 이효복 사장은 기존 생맥주전문점에 식상한 소비자들을 타깃으로 세계의 다양하고 독특한 맥주와 한여름에도 눈이 내리는 스노우 바, 시원한 얼음이 가득 차 있는 아이스 바, 재미있는 게임을 할 수 있는 카지노 바 등 볼거리와 놀거리를 함께 제

> " 대중적인 아이템인 맥주 중에서도 덜 대중적인
> 수입맥주에 독특한 인테리어를 접목시켜
> 소비자의 만족도를 높였다. "

와바 이효복 사장

이효복 사장은 최고의 인테리어로 맥주전문점의 대중화를 이끌었다.

와바 카지노 바

와바 아이스 바

와바 스노우 바

공해 새로운 형태의 웨스턴 바를 만들어냈다. 기존 호프집과 차별화되는 화려한 인테리어, 새롭고 다양한 콘셉트에 소비자들은 폭발적인 반응을 보였고 가맹점은 270개까지 늘어났다.

그가 추구한 독특함은 바로 인테리어에 있었다. 이효복 사장의 인테리어 감각은 자타가 공인할 정도로 최고 수준을 자랑한다. 이러한 능력을 발견하게 된 것은 와바를 시작하기 훨씬 전인 비디오방 창업에서 시작됐다고 한다. 1990년대 초반 비디오방이 한창 유행하던 시절, 남들은 좁은 공간에 방 하나라도 더 설치하려고 애를 썼지만 그의 생각은 달랐다. 로비를 넓고 고급스러우며 세련된 공간으로 만들어 고객 만족도를 높인 것이다. 독특한 인테리어가 소문이 나면서 지인의 노래방 인테리어를 도와주게 됐고, 이후 여기저기서 러브콜이 이어지면서 본격적으로 인테리어 사업을 시작했다. 웨스턴 바 창업에 관심을 가지게 된 것도 인테리어 사업을 통해서였단다. 다양한 인테리어 경험이 지금까지와는 다른 맥주전문점 와바를 탄생시킨 초석이 된 셈이다.

(주)더본코리아 백종원 사장은 대중적인 아이템 속에서 새로운 것을 만들어내는 놀라운 재주를 지녔다. 원조쌈밥집으로 창업 시장에 발을 담근 백 사장은 우연한 기회에 포장마차 창업에 나섰는데, 이것이 대박을 터뜨리며 그를 창업 시장의 스타로 만들어주었다.

어느 날 후배가 백 사장이 운영하는 원조쌈밥집의 주변에 있는 주차장에 식당을 차리고 싶은데 어떤 종류가 좋겠냐며 조언을 구했다. 고민하다가 많은 사람들이 이용하는 포장마차로 결정했다. 대신 포장

한신포차 논현점

기존 포장마차의 개념을 깨드려 대박을 터뜨린 한신포차

마차의 장점은 살리고 불결함이나 불편함 등을 없앤 대형 실내 포장마차로 차별화를 시도했다. 식당의 3면은 탁 트이게 설계하고, 전체적으로는 카페 형태로 예쁘게 만든 것이다. 포장마차의 부담 없는 콘셉트를 유지하기 위해 촌스러운 파란색 플라스틱 의자를 들여놨다. 주방과 홀 직원에게는 깔끔하고 단정한 요리사 옷을 입히고 모자와 스카프까지 두르게 했다. 그리고 주방은 오픈시켜 요리하는 모습을 그대로 보여주었다.

포장마차 이름은 80년대 초 잠원동 한신아파트 근처의 큰 공터에 있던 집단 포장마차촌을 떠올려 '한신포차'라고 지었다. 기존 포장마차의 개념을 깨뜨린 신선한 시도에 사람들이 열광적인 반응을 보였던 것은 물론이다. 저녁 6시부터 다음 날 새벽까지 빈자리가 없을 정도로 손님들이 붐비기 시작한 것이다.

독특함을 추구한 결과물은 또 있다. 쇠고기 삼겹살을 판매하는 우삼겹전문점 '본가', 테이블에 타이머를 설치하여 돼지김치찌개를 7분 동안 끓인 후 크게 썰어 넣은 돼지고기를 잘라주는 '새마을식당', 한

마카오반점0410

신포차의 인기 메뉴인 해물떡찜만 별도의 메뉴로 내세운 '해물떡찜 0410', 24시간 운영하는 만두전문 분식집 '행복분식', 중식의 인기 메뉴를 특화한 '홍콩반점0410(짬뽕전문점)'과 '마카오반점0410(자장전문점)' 등이 그것이다.

생맥주전문점 가르텐호프&레스트를 운영하고 있는 (주)가르텐 한윤교 사장은 맥주를 재밌게 마실 수 있는 긴 잔과 맛있게 마실 수 있는 냉각테이블을 개발하면서, 이러한 기술력을 바탕으로 경쟁이 치열한 생맥주전문점 시장의 블루오션을 개척했다.

한 사장은 직장 생활을 하던 당시에 남미에 출장 갔다가 긴 맥주잔을 발견하고 구입해 왔는데, 결과적으로 이것이 사업의 발단이 됐다. 사실 긴 맥주잔은 보기에만 좋지, 사용하기는 쉽지 않은 애물단지였다. 길이가 워낙 길다 보니 세워두기가 쉽지 않았던 것이다. 평평한 바닥에 놔둬도 쓰러지고, 거치대에 기대어놔도 쓰러졌다.

퇴직 후 본격적으로 맥주잔 활용법을 고민하던 그는 우연히 홈이 파인 테이블을 생각해냈고, 거기에 시원함을 유지할 수 있는 냉각시스템까지 도입하면서 냉각테이블을 개발했다. 물론 완성품을 개발하는 과정은 쉽지 않았다. 비용은 물론 시간만 해도 2년이 걸렸다. 이때까지만 해도 프랜차이즈 사업을 계획했던 것은 아니었다.

맥주전문점에서 제품을 보면 쌍수를 들고 환영할 것이라는 기대감에 완성된 제품을 가지고 여러 회사를 방문했다. 그런데 웬걸, 하나같이 시큰둥한 반응을 보였다. 어처구니없게도 검증되지 않았다는 것이 그 이유였다. 업체의 반응에 한 사장은 오히려 화가 났다. 좋은 물건을 알아보지 못하는 사람들이 이상한 것이지, 자신의 개발품에 문제가 있는 것이 아니라고 확신했던 것이다.

결국 그가 직접 나섰다. 제품 개발에 참여한 직원 4명과 대전의 한 상가 건물 5층에 726㎡ 규모의 맥주전문점을 연 것이다. 입지적 불리함을 극복하고 냉각테이블을 손님들에게 알리기 위해 그는 직원들과

가르텐호프&레스트 냉각테이블과 잔

가르텐호프&레스트 내부

함께 거리로 나섰다. 냉각테이블을 펼쳐놓고 독특한 맥주잔에 담긴 시원한 맥주를 시민들이 무료로 마셔볼 수 있도록 했다. 신기한 표정으로 맥주를 마셔본 사람들의 발길이 매장으로 이어지면서, 3개월 뒤 맥주전문점은 하루 매출 500만 원을 훌쩍 넘어섰다. 장사가 잘되면서 손님, 지인을 통한 창업 문의도 이어졌다.

이렇듯 창업 시장에서 실패 확률을 낮추고 나아가 성공을 거두려면 오랫동안 소비자들에게 사랑 받아왔고 앞으로도 꾸준히 사랑 받을 것 같은 아이템을 선택하는 것이 좋다. 단, 경쟁이 치열한 상황이므로 어떻게든 소비자들의 시선을 사로잡을 만한 전략이 뒤따라야 한다. 다른 경쟁자들이 간과한 점은 없는지 꼼꼼히 조사해보고, 차별화할 수 있을 것으로 판단되면 공격적으로 도전하라. 이것이 선배 창업자들이 하는 조언이다.

9

손님은 왕? 손님은 봉?
손님은 신!

　창업 시장에서 성공을 거두기 위해서는 손님을 대하는 태도 역시 중요하다. 음식이 아무리 맛있고 품질이 아무리 좋아도 서비스 마인드가 결여되어 있다면 오래 살아남기는 어렵다. 어떠한 종류이건 돈을 내고 서비스를 이용하는 사람들은 대접 받기를 원한다. 조금이라도 부당하거나 기분 나쁜 태도를 접한다면 그 집을 이용할 손님은 과연 몇이나 되겠는가? 특히 인터넷이 일상화되어 있는 요즈음에는 소비자들을 우습게 봤다간 큰 코 다칠 수 있다. 손님을 홀대했다간 인터넷 포털 사이트는 물론 각종 커뮤니티와 블로그 등에 좋지 않은 소문이 퍼져서 결국 가게 문을 닫아야 할지도 모른다.

　그래서인지 창업자들은 손님을 왕으로 모신다고, 모시겠노라고 목소리를 높인다. 그러나 과연 제대로 된 서비스를 제공하고 있는 것일

> 66 뭐 하나 빠질 것 없는 최적의 장소에서도 고객이
> 만족할 만한 서비스가 뒷받침되지 않으면 쉽게 망할 수 있다.
> 그러므로 유리한 위치보다는 고객을 우선하는 운영자의
> 긍정적인 마인드가 더욱 중요하다. 99

장충동왕족발 신신자 사장

신신자 사장은 불리한 입지에서도 최고의 서비스로 성공을 이뤘다.

까? 기적의 주인공들은 손님을 제대로 대하기만 해도 성공은 '따놓은 당상'이라고 강조한다.

족발전문점 (주)장충동왕족발 신신자 사장은 "뭐 하나 빠질 것 없는 최적의 장소에서도 고객이 만족할 만한 서비스가 뒷받침되지 않으면 쉽게 망할 수 있다. 그러므로 유리한 위치보다는 고객을 우선하는 운영자의 긍정적인 마인드가 더욱 중요하다"고 말한다. 14년 동안의 현장 경험에서 나온 얘기다.

그녀는 1996년 부산 동래구에 위치한 165㎡ 규모의 족발전문점으로 창업 시장에 처음 발을 들였다. 남편이 하던 건설회사의 부도를 막

지 못하고 전 재산을 날리면서 족발전문점을 열게 된 것이다. 사업 경험이 없어서 처음에는 고전을 면치 못했다. 점포 입지부터가 문제였다. 겉으로 봐서는 대로변에 위치해서 눈에 잘 띄었지만, 이상하게도 손님이 없었다. 나중에 알고 보니 사람들이 이면도로에 위치한 먹자골목으로 몰리고 있었다. 장사 초보여서 점포를 보는 눈이 없었던 것이다. 이렇게 잘못된 입지 선정으로 2~3개월간은 적자를 봤다.

그렇다고 손을 놓고 있을 수는 없는 일이었다. '손님이 스스로 찾아오게끔 만들자'라고 마음먹고 적극적인 영업에 나섰다. 가게를 찾은 손님에게는 무조건 '예스'를 외치고 손님의 마음을 먼저 헤아리는 서비스를 펼쳤다. 음식이 맛있고 서비스까지 좋은 곳이라는 입소문이 나면서 손님이 몰려들기 시작했다. 마이너스였던 월매출이 4천만 원을 훌쩍 뛰어넘었고, 불과 몇 개월 만에 전국 가맹점 중 선두를 차지하기에 이르렀다.

모두가 어렵다는 IMF 때는 오히려 장사가 더 잘됐다. 다른 곳은 양을 줄일 때에 신 사장은 반대로 양을 늘렸고 손님을 그야말로 '왕 대접' 한 것이 주효했던 것이다. 매출이 높은 것 외에도 본사의 주목을 받게 된 이유는 또 있었다. 다른 지역으로 이사를 간 단골손님이 신 사장이 운영하는 점포에 주문을 했

장충동왕족발 대전 둔산점

다. 한 시간이 넘는 거리라 배달하기가 벅차서 가까운 다른 점포에 배
달을 부탁했다. 그런데 다음 날 손님에게서 항의 전화가 왔다. 그곳의
점포가 약속을 어기고 배달하지 않은 것이었다. 손님에 죽고 사는 그
녀인데 가만히 있을 수가 없었다. 결국 장대비가 내리는데도 직접 배
달에 나섰다. 전후 사정을 설명하고 돈도 받지 않았더니 감동한 손님
이 본사에 제보했고, 그녀의 점포는 매출은 물론 서비스로도 주목 받
는 점포가 됐다.

　유가네닭갈비를 운영하고 있는 권순용 사장은 '셀프서비스'라는 말
만 들으면 속이 답답해지는 느낌이 든다고 말한다. 셀프면 셀프고 서
비스면 서비스지, 도대체 셀프서비스는 어디서 나타난 단어냐는 주

❝ 내 음식점에는 '안 돼요'라는 말은 없었고 지금도 그렇다. ❞

유가네닭갈비 권순용 사장

권순용 사장은 무조건 오케이 전략으로 줄 서는 닭갈비전문점을 만들었다.

장이었다. 일리가 있는 말이다. 셀프라면 손님에게 서비스가 이뤄지지 않으니 가격 할인과 같은 그에 합당한 혜택이 적용되어야 한다. 반대로 고객의 만족도를 높일 만한 서비스가 뒷받침된다면 서비스가 제공되는 만큼 합당한 가격을 제시하는 것이 바람직하다. 그러나 1990년 무렵부터 음식점에 등장하기 시작한 셀프서비스는 지금까지도 다소 애매한 상황을 연출하고 있다. 어떤 부분에서는 서비스가 이뤄지고 어느 부분에서는 서비스가 이뤄지지 않는 등 들쑥날쑥하기 때문이다. 물론 손님이 몰리는 바쁜 시간에는 기본적인 부분(물과 커피 등)을 손님이 스스로 해결하게 할 수도 있다. 문제는 손님이 없는 한가한 시간에도 벽에 붙은 셀프서비스 문구를 가리키며 '목마른 사람이 알아서 물을 떠 먹으라'는 식의 태도를 보이는 것이다. 그런데도 손님이 지불하는 음식 값은 셀프서비스와 상관없이 동일하다. 뭔가 불합리하다는 생각이 들지 않는가?

권 사장은 이런 반쪽짜리 서비스에 의문을 가지고 서비스 바로잡기에 나섰다. 손님의 요구라면 무조건 '오케이' 하는 전략으로 17㎡ 닭갈비전문점을 사람들이 줄 서는 음식점으로 만들었다.

그는 "내 음식점에는 '안 돼요'라는 말은 없었고 지금도 그렇다"고 잘라 말한다. 물론 그가 처음부터 서비스 차별화로 성공을 거둔 것은 아니었다. 경기도 안양에서 닭갈비전문점을 하며 경험을 쌓은 그는 제2의 도약을 꿈꾸며 고향인 부산으로 내려갔다. 어느 날 시내를 걷다가 급히 전화할 일이 생겼고, 가까운 음식점 안에 공중전화가 보여서 점포 안으로 들어섰다. 그런데 주인이 그를 막아섰다. 음식을 주문한

유가네닭갈비 매장

유가네닭갈비 공장

유가네닭갈비 부산대 1호점

유가네닭갈비 물류 센터

사람이 아니면 전화기를 사용할 수 없다는 것이었다. 기분이 잔뜩 상해 돌아서면서, 서비스로 차별화를 시도하면 성공을 거둘 수 있겠다는 생각이 문득 들었다.

권 사장은 "음식점을 이용하다 보면 만족은커녕 오히려 화가 나는 경우도 많다. 내 음식점만큼은 안 된다는 말이 없는 곳으로 만들어보자고 결심했다"며 당시의 기억을 떠올렸다.

1995년, 8천만 원을 가지고 부산대학교 앞에 76㎡ 규모의 닭갈비 전문점을 열었다.

당시에는 성씨를 딴 상호가 유행이어서 어머니의 성을 딴 '유가네'로 이름을 지었다. 상권의 특성상 닭고기와 밥을 볶아주는 닭야채볶음밥을 2,500원의 저렴한 가격에 판매했다. 대신 다른 곳에는 없는 서비스를 선보였다. 종업원들이 물을 직접 가져다주는 것은 물론 테이블에서 밥을 직접 볶아주어 만족도를 높인 것이다. 또 테이블마다 음료수 한 병씩을 무료로 제공하고, 전화도 무료로 사용할 수 있도록 했다. 학생들이 많이 다니는 정문으로 향하는 길이 아닌 후문 쪽에 점포가 위치하고 있었지만 파격적인 서비스가 소문이 나면서 장사가 잘되기 시작했다. 6개월 만에 하루 매출은 200만 원을 훌쩍 넘어섰다. 가게 밖으로 손님들이 줄을 길게 늘어서는 풍경도 연출됐다.

권 사장은 "1990년 무렵부터 음식점에서 셀프서비스가 유행했다. 그런데 그게 이상하지 않은가? 종업원들이 할 일이 없어 놀고 있으면서도 물을 안 가져다준다. 손님 입장에서는 황당함을 넘어 화가 나는 일이다. 그런 점포는 결국 오래가지 못하더라"고 일침을 놨다.

많은 음식점에서 '손님을 왕처럼 모신다'고 외쳐대지만 실상 그 속을 들여다보면 고개를 갸우뚱하게 되는 경우가 많다. 왕이 직접 나서서 물을 떠야 하고, 부족한 반찬을 채우기 위해 수시로 일어서야 하는가 하면, 고기도 직접 구워 먹어야 한다. 왕을 대하는 태도가 여간 섭섭한 게 아니다. 손님을 제대로 대접해보자. 돌아서는 발걸음도 다시 되돌릴 수 있는 게 바로 진정한 서비스다.

기적의 탄생

꿈은
이뤄진다

상대가 누구든 진심을 다하면 결국엔 알아주기 마련이다. 운영자가 스스로 솔선수범하면 종업원들도 본받고 따르며, 팀 워크가 생긴다. 성공한 운영자 옆에는 동고동락한 직원이 있다. 이 직원이 단골을 지키는 힘이다. 직원 관리는 곧 손님에 대한 서비스 질과 연관되며 수익으로 직결된다.

성공하려면 일을 즐겨라.

1

즐기는 사람은
천재도 이길 수 없다

2010 캐나다 밴쿠버에서 열린 동계올림픽에서, 한국은 금메달 6개, 은메달 6개, 동메달 2개로 역대 최고 성적을 올리며 세계 5위를 차지했다. 이제까지 쇼트트랙에 한정됐던 메달은 피겨스케이팅과 스피드스케이팅까지 확대됐다. 그중에서도 단연 돋보였던 선수는 단연 김연아 선수다. 그녀는 쇼트 프로그램에서 78.5점, 프리스케이팅에서 150.06점을 기록하며 총점 228.56점으로 세계 신기록을 수립하고 금메달을 목에 걸었다. 밴쿠버 《선》 지는 김연아 선수가 기록한 점수를 돌파할 사람은 그녀 자신밖에 없을 것이며 상당 기간 아무도 기록을 깨지 못할 것이라고 보도했고, 영국 BBC 방송은 "경쟁자들은 꿈도 꿀 수 없는 괴물 같은 점수"라는 찬사를 쏟아냈다. 미 국무장관 힐러리 클린턴도 김연아의 연기에 잠을 이룰 수 없었다고 털어놨다. 이

렇게 피겨의 여왕은 여신으로 등극했다.

　2010 동계올림픽에서 김연아 선수를 비롯해 큰 성과를 이뤄낸 선수들의 공통점은 무엇일까? 바로 1988년 올림픽 전후에 태어난 G세대라는 것이다. 이들은 풍족한 환경에서 자라나 글로벌한 마인드로 세계인과 함께 경쟁하며 즐겁게 생활하는 것이 특징이다. 마음가짐 역시 구세대와는 다르다. 과거의 국가대표 선수들이 노력하는 사람이었다면, 신세대 국가대표 선수들은 즐기는 사람이다. 이들을 메달 획득으로 이끈 것은 가난의 설움을 날려버리겠다는 헝그리 정신이 아니라 운동의 즐거움 그 자체였다. 육체적으로 힘은 들지만 자신이 좋아서 하는 일이기에 주눅 들지 않고 자신감을 잃지 않으며 즐겁게 경기에 임했고, 그 결과 세계가 깜짝 놀랄 만한 기적을 만들어낸 것이다.

　이렇듯 아무리 타고난 능력의 천재라도 자신의 일을 즐기는 사람을 이기기란 쉽지 않다. 창업 시장도 예외는 아니다. 탁월한 음식 솜씨나 몸에 배인 서비스 등 원래부터 창업에 타고난 소질을 지닌 사람도 있겠지만, 그렇지 못하다고 해서 '그러면 실패할 수밖에 없을까?' 하며 미리부터 주눅 들 필요는 없다. 즐겁게 일하다 보면 어느 순간 그 분야의 전문가가 되어 있는 자신을 발견하게 되고, 성공은 그림자처럼 발밑에 바짝 다가와 있을 수도 있다.

　쌀국수전문점 '호아빈'으로 유명한 오리엔탈푸드코리아(주) 박규성 사장은 자타가 인정하는 쌀국수 마니아다. 주변 사람들은 술을 많이 마신 다음 날 해장을 위해 콩나물국밥, 설렁탕, 복국 등을 찾아 나서지만 그는 달랐다. 반드시 쌀국수전문점을 찾아 시원하게 한 그릇을 해치워야 제대로 해장한 것 같았다. 그러나 당시에는 서울과 수도권 일대에만 쌀국수전문점이 밀집되어 있던 상황이었다. 그래서 지방 출장을 가게 되면 제대로 된 쌀국수를 먹지 못하는 것이 가장 아쉬웠다.

사업을 하게 된 계기는 여기에 있었다. 자신이 즐겨 먹는 쌀국수를 '마니아가 아닌 많은 사람들이 즐겨 먹을 수 있도록 대중화하면 어떨까?'라는 생각을 하게 된 것이다. 이전의 쌀국수는 마니아에 의해, 마니아를 위해 판매되었던 음식이다. 그러나 시간이 지나면서 트렌드에 민감한 젊은이들의 입맛을 사로잡았고, 어린이와 중장년층까지 다양하게 즐기게 되었다. 박 사장은 성공 가능성이 높다고 판단했다. 그는

❝ 서울과 수도권에서만
쌀국수를 먹을 수 있는
상황이 아쉬웠다. 그래서
대중화시키기로 마음먹었다. ❞

호아빈 박규성 사장

박규성 사장은 마니아가 아닌 사람들도 즐길 수 있도록 쌀국수를 대중화시키고 싶었다.

육수 개발에만 무려 2년을 쏟아 부었다. 냄새만 맡아도 고개가 내저어질 만한 기간이었지만 쌀국수에 대한 그의 애정은 여전했다.

육수 개발이 끝나고 쌀국수전문점을 열었다. 창업 자금이 충분치 않아 3층 점포를 택했다. 수많은 음식점이 들어선 유명 상업 지구에서, 2층도 아닌 3층에, 그것도 눈에 띄지 않는 곳에 위치한 점포를 택한 것은 사실상 모험이었다. 그러나 주머니 가벼운 그에게 선택의 여지는 없었다. 3층 점포인데도 상권의 특성상 보증금은 1억 원, 월세는 250만 원이나 했다. 물론 1층 점포에 비하면 저렴한 비용이었지만 그래도 상당한 부담이었다.

문제는 3층까지 어떻게 손님을 끌어들이느냐는 것이었다. 무엇보다 맛에 자신이 있었기 때문에 쌀국수에 익숙하지 않은 사람들에게 쌀국수를 맛보이는 것이 중요하다고 판단하고, 3개월 동안 수천 장의 무료 시식권을 뿌렸다. "무료로 먹을 수 있는 음식이 그렇지 뭐", "공짜라는데 먹어볼까?" 등등 사람들의 반응은 시큰둥했다. 그런데 음식을 맛본 사람들의 반응이 달라지기 시작했다.

외국에 로열티를 지급하는 타 브랜드와 비교해도 전혀 손색없는 맛에 한국인의 입맛에 맞도록 한약재로 조절된 향, 당시 한 그릇에 8,000~9,000원 하던 쌀국수 가격을 5,600원으로 대폭 낮춘 전략 등이 유효했던 것이다.

개점휴업 상태였던 점포는 3개월이 지나자 하루 매출 30만 원을 기록했고, 다시 3개월이 지나자 100만 원을 넘어섰다. 때마침 연예인들 사이에서 건강식으로 쌀국수 붐이 일면서 각종 매체에서 쌀국수를 집

호아빈 시청점

중적으로 다루는 행운까지 더해졌다. 그러자 식사 시간이면 줄을 길게 늘어서는 진풍경까지 벌어졌다.

1호점이 성공을 거두자 자신감은 더욱 충만해졌다. 6개월 뒤인 2004년 3월, 서울시청 인근에 100㎡ 규모의 두 번째 매장을 오픈했다. 입맛 까다로운 직장인을 공략해보자는 심산이었다. 그러나 이번에도 점포를 선정하는 일이 쉽지 않았다. 좋은 입지의 1층 점포는 자리도 없을뿐더러 매물이 나와 있어도 어마어마한 비용이어서 엄두도낼 수 없었다. 그런데 의외의 자리가 눈에 들어왔다. 교차로에 위치한 코너 점포였다. 부동산에서는 입지가 좋은데도 장사가 안 되기로 유명한 곳이라고 설명했다. 당시 분식점이 있었는데, 역시나 매출이 영 신통치 않았다.

"모두가 꺼리는 자리였지만 제 눈에는 더없이 좋게 보였습니다. 더구나 좋지 않은 소문이 나서 주변 시세보다 점포 비용이 저렴하기도 했고요. 권리금 1억 5천만 원을 포함해 총 3억 원의 비용을 들여 2호점을 개설했죠."

창업은 입지가 절반이라는 말이 있듯 시청점은 일산점과 달리 초기부터 폭발적인 반응을 보였다. 개업 날, 현수막을 걷어내기도 전에 사람들이 줄을 길게 늘어서기 시작했다. 사실 그는 일산점에서처럼 개업 날 손님을 끌기 위해 수천 장의 무료 쿠폰을 준비했다. 그런데 쿠폰을 뿌리기도 전에 손님이 몰려드는 바람에 결국 전단지는 뿌려보지도 못한 채 쓰레기통으로 직행했단다. 문을 열자마자 대박을 터뜨린 시청점의 첫 달 매출은 9천만 원이었다.

시청점의 성공은 곧바로 가맹 사업으로 이어졌다. 광고를 하지 않았는데도 이용객들을 통해 입소문이 나면서 가맹점 개설을 문의하기 시작한 것이다. 이에 그는 다른 쌀국수전문점과 차별화를 선언하며 본격적으로 가맹 사업에 나섰다. 당시 대부분의 쌀국수 프랜차이즈는 165㎡ 이상의 규모로 최상급 입지에만 개설할 수 있다는 까다로운 조

호아빈 메뉴 파인애플볶음밥

호아빈 메뉴 매운해산물쌀국수

건이었지만, 그는 오히려 문턱을
낮췄다. 소규모 점포로 창업할
수 있게 하고 다소 높은 쌀국
수 가격도 낮게 책정해서 가
격 경쟁력까지 갖추었다. 메
뉴 가격이 비싸지 않아 낮아
질 수 있는 수익성은 쌀국수

호아빈 메뉴 월남쌈스페셜

의 핵심 재료인 육수를 공장에서
생산하여 완제품을 공급하는 방식으로 문제를 해결했다.

이렇듯 기존 브랜드와는 다른 다양한 차별화 전략 덕분에 창업자들
은 폭발적인 반응을 보였다. 매년 가맹점이 20개씩 개설될 정도로 가
맹 사업은 순조로웠다. 지속적으로 메뉴 개발에도 나섰다. 기존 쌀국
수로는 2퍼센트 아쉬워하는 남성 고객을 위해 '매운해산물쌀국수'를
내놨는데, 호아빈의 대표 메뉴가 될 정도로 좋은 반응을 얻고 있다.
시원한 맛을 더한 굴쌀국수, 불고기맛 양념을 가미한 샤브쌀국수, 조
개쌀국수 등도 반응이 좋은 편이다.

박규성 사장은 외식업의 경우 메뉴 콘셉트를 다른 사람에게 맡길
것이 아니라 대표자가 직접 참여해야 성공할 수 있다고 강조한다. 그
러기 위해서는 그 음식에 있어서 최고의 마니아가 되어야 한다는 게
그의 지론이다. 그는 지금도 하루에 한 번은 쌀국수를 먹어야만 직성
이 풀릴 정도로 쌀국수에 빠져 있다. 즐기는 사람은 천재도 이길 수
없다는 속설을 몸으로 증명하고 있는 셈이다.

2

매출을 올려주는 진짜 주인공은 종업원과 고객

창업자들의 고민은 한결같다. '어떻게 하면 매출을 조금이라도 올릴 수 있을까?' 하는 것이다. 그래서 새로운 메뉴를 추가하기도 하고, 인테리어를 달리하여 매장 분위기를 바꿔보기도 한다. 그러나 진정한 고수는 다른 전략을 쓰는데, 종업원 관리에 더욱 심혈을 기울인다. 판매점이건 외식업이건 손님과 직접, 자주 얼굴을 마주하는 것은 주인이 아닌 종업원이다. 주문을 받고 수저와 물을 가져다주고 음식과 반찬을 나르는 등 종업원이 손님과 마주하는 순간은 최소 2회 이상이다. 손님과 종업원이 마주하는 순간은 아주 짧지만, 그 시간이 매출을 좌우하고 나아가 단골손님까지 만드는 위력을 발휘하고 있다는 사실을 아는 사람은 많지 않다.

부모님이 운영하던 중식당이 폐점 위기를 맞게 되자 이를 다시 살려내기 위해 창업 시장에 뛰어든 아시안푸드 조미옥 사장은 외식업에는 초보자였지만 종업원의 중요성을 일찌감치 간파하고 사업 초기부터 종업원과 좋은 관계를 쌓고 그들을 교육하는 데 힘을 쏟았다.

물론 다른 점포에서 산전수전 다 겪은 종업원들이 20대 초짜 사장의 말을 처음부터 고분고분 따를 리는 없었다. 어려서부터 함께 지내온 가족과 같은 종업원이었지만 고용인과 피고용인의 입장으로 바뀌자 바라보는 시선부터 달라졌다. 호칭은 예전과 같았지만 관계는 예전과 달리 어색해졌다. 종업원들은 갑자기 사장이 되어 동분서주하는 어린 동생의 모습을 팔짱을 끼고 지켜볼 뿐이었다. 조미옥 사장은 외식업 경험이 없는 데다 한참 어린 나이인 자신이 단시간에 '언니'들을 움직일 수 없다는 사실을 누구보다 잘 알고 있었다. 그녀는 행동으

손님들로 북적이는 상하이짬뽕 매장

로밖에 증명할 수 없다고 생각했다. 그래서 지시를 내리기보다는 다방면에서 스스로 모범을 보이려고 애썼다. 그리고 종업원들의 마음을 움직이기 위해 노력했다.

조 사장은 "상대가 누구든 진심을 다하면 결국 알아주기 마련"이라며 진심 어린 관계를 강조한다. 물론 경험에서 나온 진리다. 조 사장의 열정이 쉽게 꺼지지 않을 것임을 알아차린 종업원들이 결국 마음을 연 것이다. 종업원들은 어린 동생의 의견을 귀담아듣고 적극적으로 일하기 시작했다. 손발이 딱딱 맞아떨어지면서 업무 효율은 이전보다 훨씬 높아졌다.

종업원 문제가 해결되자 이번에는 고객 사로잡기에 나섰다. 그녀는 경영 정상화를 넘어 음식점을 안산의 명소로 만들자는 각오로 임했다. 우선 시간대별, 연령별 고객 성향을 조사할 필요가 있다고 판단해서 노트에 꼼꼼히 기록을 해가며 차별화된 서비스를 제공했다. 메뉴도 지역 특성에 맞춰 재편성했다. 비싼 코스 요리가 아니라 가족 단위의 손님들이 합리적인 가격으로 다양한 요리를 맛볼 수 있도록 '패밀리세트'를 개발한 것이다. 메뉴판도 바꿨다. 글자로 음식을 표현하는 것에는 한계가 있다고 생각하고, 손님들이 음식을 쉽게 알아볼 수 있도록 사진과 설명을 함께 넣었다. 고객의 눈높이에 정확히 맞춘 서비스 덕분에 손님들의 발걸음이 이어졌다. 매출은 2배 이상 껑충 뛰었다.

중국관 운영이 정상 궤도에 오르자, 다시 직원의 모습이 눈에 들어왔다. 함께 일하고 있는 직원들은 적게는 10년에서 길게는 20년 동안

아시안푸드 뮬란

그 자리에서 변함없이 일하고 있었다. 누군들 언제까지 다른 사람의 밑에서 일하고 싶겠는가? 그러나 사장이 되고 싶어도 현실적으로 힘들었다. 그녀는 중식에 애정을 가지고 함께 고생하고 있는 직원들이 자신과 같이 꿈을 이루며 살면 좋겠다는 생각이 들었다.

그래서 2000년에 3천만 원을 들여서 경기도 안산시 홈플러스의 푸드코트에 캐주얼 중식 브랜드 '뮬란'을 론칭했다. 이번에는 패밀리세트의 반대 개념인 '싱글세트'를 개발했다. 한 사람이 요리와 식사를 조금씩 다양하게 즐길 수 있는 메뉴를 만들어낸 것이다. 당시 푸드코트에는 자장면, 짬뽕 같은 단품 메뉴가 일반적이었다. 그런데 대부분의 사람들이 중식 메뉴를 접했을 때 자장면도, 짬뽕도, 탕수육도 먹고 싶어 하는 마음을 현실로 이룬 것이다. 당시로서는 파격적인 시도였다. 사람들의 반응은 폭발적이었고, 20㎡ 규모 점포에서 월 1억 원 이상의 매출을 기록하는 기염을 토했다.

조미옥 사장은 "음식점은 무엇보다 팀워크가 중요하다. 훌륭한 팀워크는 종사자들이 자신이 하는 일에 자신감을 가지고 서로 존중하면서 함께 일하는 것에서 시작한다. 이를 위해 노력하다 보면 수익은 자

아시안푸드 상해 식품점

연스럽게 따라오기 마련"이라고 강조한다.

(주)김가네 김용만 회장 역시 지금의 (주)김가네가 있기까지 직원들의 숨은 공이 크다는 것에 동의한다. 그는 가맹 사업에 속도가 붙어 눈코 뜰 새 없이 바빴던 10여 년 전의 일을 항상 가슴 깊이 새기고 있다. 그날은 인도와 도로가 구분이 안 될 정도로 눈이 많이 내린 날이었다. 평소와 다름없이 새벽 출근길에 나섰다가 걷기조차 힘든 폭설에 발걸음을 집으로 돌리려는 순간, 문득 밤을 새워 일한 직원들이 집에 가지도 못하고 남아 있을 것이라는 데 생각이 미쳤다. 직원들만 남겨놓고 자신만 편하게 집에 있을 수 없었다. 그는 가까운 시장으로 행선지를 바꿨다. 그리고 뜨끈뜨끈한 해장국을 사서 택시를 잡아타고 회사로 향했다. 새벽부터 일하던 직원들은 김 회장의 등장에 반가움을 감추지 못했다(사실 지금까지도 자신보다 허기를 달래줄 해장국의 등장이 더욱 반가웠을 것이라 추측하고 있다). 그 역시 직원들의 열정에 감동하지 않을 수 없었다. 그렇게 해장국을 나눠 먹었던 직원들은 과장, 부장으로 승진했고, 그가 평소 강조하듯 마음을 사는 '감성 경영'의 첨병이 되었다.

물론 그 반대의 경우도 있다. 종업원과 고객 관리에 실패해서 좋았던 브랜드 이미지가 실추되고만 안타까운 사례다. 저가 삼겹살 열풍을 몰고 온 한 고깃집 프랜차이즈 업체는 단기간에 200여 개가 넘는 가맹점을 개설하며 승승장구하는 듯 보였다. 그런데 회사가 성장하자 대표자가 조강지처 격인 직원들을 홀대하고 대기업이나 화려한 이력의 직원을 채용했다. 회사를 빠른 시간 안에 더 키워볼 욕심으로 올바르지 못한 결정을 내린 것이다. 지금까지 피땀 흘려 회사를 일군 직원들이 나갈 수밖에 없는 분위기가 조성되었고, 결국 창립 멤버를 비롯한 회사의 핵심 직원들이 빠져나갔다. 게다가 대기업 출신의 새로운 직원들은 규모가 작고 체계적이지 못한 환경에 적응하지 못했다. 설상가상으로 퇴사한 직원들이 유사한 고깃집 프랜차이즈를 만들면서 저가 고깃집 시장은 경쟁이 더욱 치열해졌고, 급기야는 출혈 경쟁을 벌이는 상황에까지 이렀다.

이렇듯 직원이나 손님을 제대로 대하지 않으면 오던 손님까지 돌아가게 만들고 수익은 악화되어 최악의 경우에는 점포 문을 닫을 수도

(주)김가네 김용만 회장

김용만 회장은 직원들이야말로 (주)김가네의 가장 큰 경쟁력이라고 말한다.

있다. 그렇다면 점포 운영에 긍정의 힘을 더하는 종업원과 고객 관리 방법은 없을까?

서울 여의도의 한 유명한 고깃집이 좋은 예다. 이곳은 파격적인 성과급 제도를 통해 직원들의 사기를 진작시키고 있기 때문이다. 이곳은 주말 매출 전부를 직원들에게 성과급으로 돌려준다. 회사 근처 음식점은 주5일 근무의 특성상 주말 매출이 신통치 않아서 영업을 하지 않는 것이 일반적이다. 그러나 이 음식점은 주말에도 평일과 다름없는 영업 시간을 고수한다. 365일 열려 있는 매장은 휴일에 근무하는 직장인은 물론 주말 외식을 위해 찾은 가족 단위 손님들에게 높은 신뢰를 얻었고, 직원들은 열심히 일한 만큼 대가를 돌려받을 수 있어서 충성심이 높아진 결과 음식점은 문전성시를 이루고 있다.

쌀국수전문점 호아빈 박규성 사장은 "종업원이 점포의 분위기와 매출 등 전반적인 운영에 적지 않은 영향을 미치고 있다는 것은 부정할 수 없는 현실이다. 그러므로 긍정적인 영향을 미치는 종업원에게 적절한 보상을 하는 것은 당연한 일"이라고 강조했다.

호아빈 시청 직영점에서 일하고 있는 한 주부는 2007년에 뒤늦게 외식업에 뛰어들었지만, 매장의 매출을 올려주는 일등공신으로 인정받고 있다. 그녀는 주부 특유의 친화력을 발휘하여 손님의 재방문을 유도하고, 단골의 경우에는 식습관을 꼼꼼히 기억해뒀다가 일대일로 세심한 서비스를 제공하여 손님의 만족도를 높이고 있다. 그녀의 진가는 손님이 불만을 제기했을 때 더욱 빛난다. 불만 사항을 '빛의 속도'로 해결하고, 나갈 때는 반드시 웃으며 나가도록 만드는 것이 특기다. 덕분에 매출이 꾸준히 오르자 박 사장은 3년 만에 매니저로 직급을 올려줬다. 급여도 입사 때보다 70퍼센트 정도 상승했다고 한다.

종업원이 점포의 분위기와 매출 등 전반적인 운영에 적지 않은 영향을 미치고 있다고 해서 무조건 불신하거나 365일 감시할 수도 없다. 물론 직원은 절대 믿어서는 안 된다고 말하는 사람도 있다. 그러나 이런 경우 직원들도 결코 운영자를 신뢰하지 않을 것이다. 운영자는 무엇보다 직원을 내 편으로 만들어야 한다. 그러려면 직원을 전폭적으로 지지하고 신뢰한다는 사실을 보여줘야 한다. 다양한 성과급 제도를 도입해서 열심히 일할 수 있는 동기를 부여하는 것도 좋은 방법이다.

성공한 운영자 곁에는 오랫동안 동고동락한 직원이 있게 마련이다. 이러한 직원은 단골을 유지할 뿐만 아니라 새로운 직원의 역할 모델이 되는 등 운영자에게는 소중한 자산이므로 직원 관리에 더욱 신중을 기해야 한다.

Tip **좋은 종업원 만들기**

1 : 직원이 먹는 것을 아까워하지 마라
2 : 성과에 대해서는 확실히 보상하라
3 : 종업원의 경조사는 반드시 챙겨라
4 : 회식은 주기적으로 실시하라
5 : 종업원 앞에서 가식을 버려라

3

무시무시한 입소문의 위력

영화 〈괴물〉, 〈왕의 남자〉, 〈해운대〉의 공통점은 무엇일까? 모두 1천만 관객을 돌파하며 흥행몰이에 성공한 영화라는 점이다. 그렇다면 이들 영화가 소위 대박을 터뜨릴 수 있었던 주된 요인은 무엇일까? 시나리오, 감독, 배우 등 다양한 이유가 있겠지만 무엇보다 관객들의 '재밌더라'는 입소문이 성공의 일등공신이다. 창업 시장에서도 입소문의 역할은 막중하다. 메뉴, 입지, 서비스 등 완벽한 준비를 갖췄더라도 손님들의 입소문이 없으면 성공은 남의 얘기다. 설상가상 '별로더라'는 입소문이라도 나면 수개월 내에 가게 문을 닫아야 하는 상황이 될지도 모른다.

실제로 냉면으로 한때 유명세를 탔던 서울 신촌의 'A' 업체는 "옛날에 맛있게 먹었던 기억이 있어서 다시 찾았는데 미지근한 면이 나와

서 실망했다", "육수 맛이 변했다", "아주머니 서비스가 꽝이더라"는 등 네티즌의 불만이 이어지다가 "결국 문을 닫았다"는 최악의 소문까지 번지면서 한동안 영업에 큰 차질을 빚었다고 한다. 해물찜을 전문으로 하는 서울 강동구 'B' 음식점 역시 인터넷 카페에서 맛, 가격, 서비스에서 모두 불합격 판정을 받아 주부들 사이에서는 기피해야 할 음식점으로 떠올랐다. 유명 연예인이 운영하는 송파구의 'C' 음식점은 종업원 서비스가 불친절한 곳으로 악명을 떨치면서 일부 고객을 중심으로 불매 운동이 벌어졌을 정도다.

이렇듯 나쁜 입소문으로 어려움을 겪고 있는 곳이 있는가 하면 반대로 삐딱한 시선을 다양한 노력을 통해 긍정적인 시선으로 바꾸는 데 성공해서 10평의 기적을 이뤄낸 주인공도 있다. 레스토랑과 술집이 결합된 레스펍 치어스를 운영하고 있는 정한 사장은 입소문의 힘을 잘 활용해 매출이 좋지 않은 26㎡ 규모의 점포를 살려내고 프랜차이즈 사업에까지 진출했다.

정 사장은 초보 창업자 시절 "하루 매출 30∼40만 원은 충분히 나온다"는 중개업소 말만 믿고 5천만 원을 털어 경기도 성남시 이매동에 26㎡ 규모의 치킨집을 열었다. 그러나 결과는 참담했다. 하루 매출이 10∼20만 원에 불과했던 것이다. 그렇다고 주저앉을 수는 없었다. 그동안 자신이 만족했던 음식점을 떠올리며 '감동적인 서비스'로 차별화된 치킨집을 선언했다. 닭고기 맛은 특별할 것이 없었지만 주인이 늘 밝은 얼굴과 친절한 태도로 고객을 맞이하자, "주인이 친절해서 기분 좋게 술을 마실 수 있는 곳"이라는 소문과 함께 손님이 점차 늘기 시

치어스 매장

작했다. 4개월 만에 하루 매출은 150만 원으로 껑충 뛰었고, 2년 동안 2억 원이 넘는 돈을 벌어들였다.

치킨집이 성공을 거두자 이번에는 생맥주전문점을 시작했다. 215㎡의 대형 매장인 데다 이면도로에 위치해 있어서 입지가 좋지 않았다. 게다가 주변에는 이미 10여 개의 경쟁 점포가 운영되고 있는 중이어서 모두가 "곧 망할 것"이라며 고개를 저었다. 손님의 발걸음이 뜸했지만, 이미 입소문의 영향력을 경험한 그는 성공을 확신했다.

"목표 고객을 주부층으로 정하고 입소문을 내줄 사람이 누구인지 찾아봤죠. 목욕관리사, 마사지사, 미용사 등이 머리에 떠오르더군요. 이들을 가게로 초청해서 맥주와 다양한 요리를 시식하도록 했죠."

예상은 정확히 들어맞았다. 이들이 입소문을 내면서 주부부터 가족 단위까지 고객층이 확대되어 생맥주전문점은 지역 명소로 자리 잡았다. 프랜차이즈 사업 역시 단골손님을 통해 "운영해보니 괜찮더라"는 입소문으로 자연스럽게 확대됐다.

이태원 뒷골목의 실내 포장마차를 프랜차이즈 '버들골이야기'로 키워낸 문준용 사장 역시 끊임없는 노력 끝에 '엉망으로 장사하는 집'을 '작지만 제대로 된 안주를 먹을 수 있는 곳'으로 탈바꿈시켰다. 장사 초보였던 그는 손님의 조언과 쓴 소리를 가슴 깊이 새겼고, 이를 메뉴와 서비스에 세심하게 반영하여 맛있는 집으로 인정받았다. 그 덕분에 입소문을 통해 손님은 더욱 늘어났다. 문 사장은 "입소문을 위해서는 다방면에서 많은 노력이 필요하지만, 6개월에서 1년 정도 궤도에 오를 때까지 기다릴 수 있는 인내심이 필요하다"고 강조했다.

사람들은 대개 음식점을 이용하면서 서비스, 맛, 가격 등 다양한 이유로 만족했을 경우, 수일 내에 그 가게에 다시 들리고 싶고 입소문을 내고 싶어 한다. 반대로 불쾌한 경험을 했다면 "그 가게에는 절대 가지 말라"며 도시락까지 싸들고 말리고 싶은 마음이 들기도 한다.

원조쌈밥집으로 유명한 (주)더본코리아 백종원 사장은 "요즘은 자기가 맛없게 먹으면 곧바로 주위 사람에게 저 집은 맛없으니 가지 말라고 알려준다"며 "나쁜 소문이 좋은 소문보다 훨씬 빨리 퍼지므로 나쁜 소문이 나지 않도록 미연에 방지하는 것이 중요하다"고 조언했다.

식당을 선택할 때 입소문만큼 확실한 정보가 없다는 인식이 높아지면서 입소문은 창업 시장에서 가히 절대적이고도 막대한 영향력을 발휘하고 있다. 특히 인터넷 시대를 맞이하면서 그 전파력은 훨씬 더 강해지고 있다. 대박집을 만들기도 하고 쪽박집을 만들기도 하는 보이지 않는 입소문 때문에 외식업 운영자들의 시름은 날로 깊어지고 있다. 사이버 공간 속의 네티즌들의 입담에 촉각을 곤두세우고 그들의 한마디에 웃고 우는 모습은 이제 일상일 정도다.

강남에서 한정식집을 운영하고 있는 어떤 사장은 "순수하게 문제점을 지적하고 개선을 요구하는 것이 아니라 고의성이 다분한 불만을 담은 악질적인 음해성 글을 올리는 네티즌도 있다. 자신이 누군지도 밝히지 않는 이들에게 당하고만 있으려니 분통이 터진다"며 답답함을 호소하기도 했다.

실제로 지난해 9월에는 궁금한 내용을 인터넷상에 질문하면 네티즌들이 각자의 경험담이나 해결책을 올리는 이른바 '지식검색'에 입소문 광고를 노리고 거짓 경험담을 올려 6,600여 만 원을 챙긴 9명이 서울지방경찰청 사이버수사대에 불구속 입건되기도 했다. 이들은 지식검색을 통한 광고가 비용이 전혀 들지 않는 데다 정식 인터넷 광고보다 네티즌들이 더욱 신뢰하고 많이 이용한다는 점을 악용했다. 경찰에 따르면, 불법 사이트를 활용한 인터넷 의류판매자의 경우 지식검색 광고를 시작해 한 달 만에 매출이 500만 원에서 1천만 원까지 늘기도 했다고 한다.

이렇듯 입소문에 크게 의지하는 소비자들의 반응에 비해 음식점 운영자들의 반응은 아직 둔감하다는 것이 업계 관계자들의 중론이다. 음식점 경영주를 대상으로 한 외식 전문 잡지의 설문조사에 따르면 좋든 나쁘든 입소문이 날 경우 대처 방법으로 '집중 관리에 들어간다'는 대답이 50퍼센트, '현 상태를 유지한다'는 대답이 30퍼센트, 그냥 내버려둔다는 대답이 18퍼센트를 차지하면서, 입소문의 효과를 안일하게 생각하고 관리하는 경영자가 여전히 많은 것으로 나타났다. 반면 입소문의 객관성에 대한 질문에는 어느 정도 객관적이라는 대답이 75퍼센트로 나타나면서, 음식점 경영에서 상당히 중요한 요소로 손꼽힌다는 사실을 알 수 있다.

입소문에 의해 점포의 흥망성쇠가 결정된다면 이를 가만히 보고만 있을 수는 없다. 그렇다면 소비자들의 입소문을 효과적이고 긍정적으로 이끌어낼 수 있는 방법에는 어떤 것이 있을까? 창업 전문가들은 외식 분야의 선도자를 자처하는 식도락동호회와 미스터리 쇼퍼(손님 가장 모니터링) 등 전문성을 띤 사람들을 적극적으로 활용할 필요가 있다고 강조한다. 불특정 다수의 입소문보다 충성도가 높은 로열 고객 중에서도 아줌마 고객을 집중적으로 관리하는 것도 효과적이다. 아줌마 고객은 가정 경제의 주체로, 가계 소비의 80퍼센트에 달하는 의사결정권을 보유하고 있기 때문이다.

인터넷 인구의 지속적인 확산으로 인터넷을 활용한 마케팅 전략도 필요하다. 이를 위해 홈페이지를 개설하고 포털사이트에서 주요 단어만 입력하면 자신의 홈페이지로 접속되도록 키워드 설정을 하는 것도 효과적이다. 설정할 키워드는 음식점 소재지(서울 명동, 전남 담양, 부산 해운대 등), 업종 및 대표 메뉴(삼겹살, 쌈밥, 스파게티 등), 소비자의 구매 목적(회식, 가족 외식, 상견례, 싸고 맛있는 집) 등을 잘 감안해서 결정하면 된다. 홈페이지 제작이 부담스럽다면 비용이 들지 않는 블로그를 만들거나 가게를 이용했던 소비자가 블로그에 사진이나 콘텐츠를 올리도록 하는 것도 좋은 방법이 될 것이다.

4

가족은 나의 힘

힘들고 괴로운 일이 있을 때 어떻게 극복하는가? '술을 마신다, 잠을 잔다, 모든 것에서 벗어나 훌쩍 떠난다' 등 다양한 해결 방법이 있을 것이다. 그러나 자세히 살펴보면 하나같이 힘든 상황을 모면하려는 행동일 뿐 근본적인 해결 방법은 아니다. 때로는 복잡하고 어려운 문제를 해결할 수 있는 가장 좋은 방법은 돌아가는 것이 아니라 문제의 근원으로 과감히 돌진하는 것일 수도 있다. 그러나 선뜻 용기가 나지 않는 것이 인지상정이다. 그럴 때 가족만큼 큰 힘이 되는 사람도 없다. 힘든 일이 있을 때 가장 먼저 떠오르고 의지가 되는 것이 가족이기 때문이다.

경쟁이 치열한 창업 시장에서 가족의 존재는 더욱 빛을 발한다. 긴급한 상황에서 언제든 달려와주는 것은 물론, 한 사람이 직원 두세 명의 몫을 거뜬히 해내기도 한다. 창업 시장에 유독 가족 창업이 많은 것도 이러한 이유에서다. 인건비 절감이라는 효과도 덤으로 따라온다. 그러나 가장 큰 이유는 내 사정을 가장 잘 알고 곁에서 힘이 되어줄 수 있는 사람이기 때문이다.

기적의 주인공들 역시 가족의 소중함, 가족의 도움을 가장 높이 평가한다. 이들은 가족이 없었다면 지금의 성공도 없었다고 입을 모은다. 인생의 바닥까지 떨어졌던 치어스 정한 사장은 부모님의 도움으로 재기할 수 있었고, 어려운 상황을 함께 이겨낸 직원과 결혼해서 행복한 가정을 꾸리는 행운까지 얻었다. 첫 사업이 실패했을 때 그는 실패라는 결과보다 가족과 자신을 잘 알고 있는 사람들의 시선을 견뎌내는 것이 두려워서 아는 사람이 아무도 없는 곳에 몸을 숨겼다. 그러나 시간이 지나면서 자신이 돌아갈 곳은 가족의 품이며, 못난 모습이어도 자신을 따스하게 보듬어주는 곳 역시 가정임을 깨달았다. 그 후, 가족의 변함없는 응원 속에 그는 보란 듯이 재기에 성공했고, 또 다른 가정을 꾸리게 됐다.

버들골이야기 문준용 사장도 마찬가지다. 문준용 사장이 이태원 뒷골목에서 포장마차를 시작했을 때 초기에는 하루 매출이 1~2만 원에 불과했다. 외식업이 처음인 그가 시작부터 좋은 성과를 거둘 리가 없었다. 문 사장은 당시 손님이 있는 것도, 없는 것도 두려울 정도로 스트레스가 컸다고 털어놨다.

고군분투는 1년간 계속됐다. 장사가 안 되는 것도 힘들었지만 무엇보다 견디기 힘들었던 것은 퇴근 후 집으로 들어갔을 때 "오늘은 장사

잘됐어? 얼마나 벌었어?" 하는 아내의 질문이었다. 일상적인 이야기였지만 차마 그 상황을 아내에게 솔직히 털어놓을 수가 없었다. 매번 말끝을 흐리며 다른 말로 모면했지만 아내의 얼굴을 똑바로 볼 수 없을 정도로 괴로운 심정이었다. 아내도 그런 자신의 상황을 짐작했는지 더 이상 묻지 않았다.

문 사장은 아내와 아이들에게 더 이상 부끄러운 모습을 보일 수 없다는 생각에 마음을 고쳐먹고 다방면에서 생존 전략을 찾기 시작했다. 손님들의 이야기에 귀를 기울이고 장사가 잘되는 경쟁 점포를 찾는가 하면, 서점에서 새로운 요리법을 찾기도 했다. 시간이 다소 걸리긴 했지만 결과는 성공적이었다. 안 되는 요인이 외부에 있을 것이라는 생각을 깨고 스스로를 돌아보면서 변화하기 시작한 것이었다. 그

가족 창업

부산 광안리에서 자동차 정비업소를 운영 중인 송종출, 송동혁 부자

러한 변화의 계기가 된 것이 가족이었다. 가족은 이렇듯 힘이 되기도 하고 새로운 돌파구를 모색하게 만드는 활력소가 되기도 한다.

이렇듯 존재만으로도 든든한 버팀목이 되어준 가족이 있는가 하면, 적극적인 경영 참여로 시너지 효과를 높인 경우도 있다. 본죽 김철호 사장과 (주)김가네 김용만 회장, 행촌소바 주웅택 사장의 경우 사업 초기부터 아내와 함께 일을 시작했고, 지금까지도 큰 역할을 담당하고 있다고 한다.

현재 본아이에프 연구소장을 맡고 있는 김철호 사장의 부인 최복이 씨는 6개월 동안의 연구를 통해 전통 건강죽 6가지와 영양 맞죽 7가지를 개발했다. 그녀는 대학로에 본점을 처음 만들었을 당시에도 3개월 동안 혜화역 입구에서 정성스레 전단을 뿌리고 서울대병원을 찾아가 스티커를 붙이는 등 적극적으로 남편의 일을 돕고 나섰다. 이렇듯 손과 발이 되어준 아내의 후원 덕분에 본죽은 불리한 입지에도 불구하고 일찌감치 자리를 잡았고, 결국 방송 출연까지 하게 되었다. 이를 통해 2003년 4월, 부산에 첫 번째 가맹점을 개설하게 됐다.

가맹 1호점이 개설되던 날 아내는 울음을 터뜨렸다고 김철호 사장은 회상했다. 시간이 지나고 나서야 알게 된 사실이지만, 호떡 장사를 할 때도 아내는 멀리 숨어 남편의 모습을 지켜보며 눈물을 삼켰고 요리 컨설팅 회사를 그만뒀을 때도 눈물을 쏟았다고 한다. 이렇듯 그의 성공에는 아내의 눈물이 촉촉한 거름으로 작용한 셈이다.

현재 (주)김가네에서 사장으로서 적극적으로 경영에 참여하고 있는 김용만 회장의 부인 박은희 씨도 사업 초기부터 김밥집 운영에 투신하여 현재의 성공 신화를 만든 숨은 주인공이다. 박 사장은 남편과 함께 전국을 돌아다니며 맛있다고 소문난 김밥집마다 찾아다녔고, 김밥 만드는 모습을 행인들이 보도록 하자는 결정적인 아이디어를 내기도 했다. 그리고 10평 남짓한 김밥집 바닥에서 쪽잠을 자며 김밥을 만들어낸 것이 10여 년. 박 사장은 현재 신메뉴 연구 개발을 진행하고 있어서, (주)김가네의 핵심 인물이라고 해도 과언이 아니다.

행촌소바 주웅택 사장도 비슷한 경우다. 대를 잇는 일본의 점포에서 아이디어를 얻어 메밀국수전문점 사업을 시작하기로 결심한 그는 부인 강수경 씨와 함께 창업 시장에 뛰어들었다. 메밀국수는 육수 맛이 핵심이어서 부부는 제대로 된 육수를 개발하기 위해 다양한 노력을 시도했고, 결국 다른 곳과 차별화된 육수를 만들어낼 수 있었다. 지금도 강씨는 기획실장으로서 메뉴 개발 및 조리법 전수 등을 담당하고 있다.

이렇듯 가족, 그중에서도 아내의 역할은 특별하다. 10평의 기적을 이룬 주인공의 아내들은 든든한 지원자이자 때로는 해결사 역할을 자청하며 그 몫을 톡톡히 해냈다.

그러나 정반대의 경우도 있다는 사실을 명심해야 한다. 나의 약점까지 훤히 꿰뚫고 있는 데다 오랜 시간 같은 공간에서 생활하는 것이 오히려 갈등의 원인이 되기도 하기 때문이다.

베이비붐 세대 선두주자로 정년을 맞아 퇴직하게 된 홍씨는 재취업이 힘들다고 생각하고 66㎡ 남짓한 삼겹살전문점을 열어 새로운 인생을 시작하기로 했다. 5개월 남짓한 준비 기간을 거쳐 개업일이 하루 앞으로 다가왔다. 그런데 왠지 모를 불안감이 엄습했다. '개업일이라 손님이 몰려들 텐데 일손이 모자라면 어떡하지?' 결국 이모와 여동생, 누나, 처남 등 가까운 친인척에게 도움을 요청했다.

드디어 개업일이 되었고, 예상대로 많은 사람들이 몰려들었다. 그런데 종업원들도 우왕좌왕하는 가운데 초보자인 친인척들이 섞이면서 실수가 발생했다. 주문의 순서가 뒤바뀌는가 하면 한 테이블에 주문서 없이 같은 음식이 두세 번 나가는 일까지 생겼다. 결국 첫 손님들에게 좋지 않은 인상만 남기고 말았다.

창업 전문가들은 사전에 관련 교육을 받은 사람이 아니라면 가족이라도 점포에 절대 부르지 말라고 조언한다. 일손이 조금 모자라더라도 직원들과 함께 손발을 맞춰가며 일하는 게 낫지, 초보자가 섞이면 혼란만 더할 뿐이라는 것이다.

평소 사이가 돈독한 가족이라도 함께 일을 하게 되었을 때 의견이 완전히 들어맞는 경우는 없다. 가족은 허물없이 지내는 사이라는 것이 장점이자 곧 단점이 된다. 가족이 경영에 참여할 경우 가장 중요한 것은 원칙이다. 수익 분배와 업무 분담 등 점포 운영에 대한 원칙을 확실히 세우고, 구성원별로 능력과 적성에 맞춰 역할을 분담해서 시너지 효과를 내야 성공을 거둘 수 있다.

5

창업은 새로운 3D 업종

최근 주택가에 크고 작은 커피숍이 속속 등장하면서 커피숍 창업이 새롭게 주목 받고 있다. 커피전문점은 깨끗한 이미지, 운영의 편의성 등으로 주부 등 여성 창업자의 선호도가 높은 아이템 중 하나다. 초보 창업자라도 바리스타 교육만 받으면 영업이 가능하고, 재료비 원가가 낮아 마진율도 높기 때문이다. 최근 사회적인 분위기도 커피 전문점 창업에 청신호를 보내고 있다. 높아진 생활수준, 불황 속에서도 특별한 가치와 품격, 웰빙을 추구하는 사람들이 증가하면서 커피 전문점을 찾는 사람들도 꾸준히 증가하고 있다.

그렇다고 커피전문점을 만만히 봤다간 큰 코 다칠 수 있다. 커피전문점은 조용히 음악을 즐기며 고상하게 카운터만 지키는 사업이 아니다. 다른 요식업에 비해 노동 강도가 높지 않을 뿐이지 부지런히 몸을 놀려야 좋은 성과가 나오는 것은 마찬가지다. 질 좋은 원두를 조금이라도 싼값에 들이려면 여기저기 발품을 팔아가며 시장 조사를 해야하고, 치열한 경쟁에서 살아남기 위해서는 경쟁 점포와 차별화된 서비스와 이벤트를 꾸준히 준비해야 한다. 수시로 바뀌는 종업원 관리도 만만치 않은 스트레스다. 아침 일찍 출근해 점포를 깨끗이 청소하고 마감 후에는 점포를 정리하고 나면 육체적인 피로가 쌓이는 것은 말할 필요도 없다. 조그만 커피전문점을 운영하며 돈도 벌고 여유도 즐기고 싶다고 생각하지만, 제대로 운영하려면 결코 만만치 않은 것이다.

이렇듯 겉으로 봐서는 손쉬워 보이지만 하나부터 열까지 운영자의 손길이 미쳐야만 실패하지 않는 것이 점포 운영이며 창업이다. 그래

아시안푸드 상하이델리

로드숍 형태인 상하이델리. 사람들이 왕만두를 사기 위해 줄을 길게 서 있다.

아로마포미 김삼수 사장

김삼수 사장은 가맹점주로서 가맹 본사를 인수한 후, 안정
적으로 사업을 운영 중이다.

서 창업은 새로운 3D 업종이라는 우스갯소리까지 나오고 있다.

10평의 기적을 이룬 주인공들의 생각 또한 다르지 않다. 이들은 창
업을 만만히 보거나 쉽게 보고 덤벼들지 말라고 충고한다.

안정적인 직장인의 생활을 뒤로하고 폐점 위기의 중식당을 살리
기 위해 창업 시장에 뛰어든 아시안푸드 조미옥 사장은 창업을 마음
먹은 이상 완전히 발을 담가야 한다고 강조한다. 그리고 절대 입으로
하는 경영은 성공할 수 없다고 덧붙였다. 운영자가 직접 몸으로 뛰어
야 하고 이를 통해 직원들의 마음을 움직여야만 비로소 효율적인 운
영이 가능해진다는 말이다. 4평 규모의 조그만 백화점 코너 점포에서
1,500원짜리 만두로 1억 원이 넘는 매출을 기록할 수 있었던 것도 끊

임없이 연구하고 전국의 백화점을 돌아다니며 시식 행사를 펼치는 등 잠시도 긴장의 끈을 놓지 않았기에 가능한 일이었다.

조 사장은 힘든 상황에 맞닥뜨릴 때마다 '우공이산(愚公移山)'이라는 고사를 떠올리며 힘을 냈다고 한다. 창업 준비자들 역시 이 말을 가슴 깊이 새기면 도움이 될 것이다. 옛날 중국에 우공이라는 노인이 있었는데, 그의 집 앞에는 커다란 산이 있어서 다른 곳으로 가려면 산을 돌아가야만 했다. 우공은 이러한 불편함을 덜기 위해 자식들과 함께 산의 흙을 파서 옮기기 시작했다. 이를 본 친구가 비웃자, 우공은 "나는 늙었지만 자자손손 대대로 하다 보면 언젠가는 산을 옮길 수 있을 거라네"라고 대답했다. 이 이야기를 들은 신이 우공의 정성에 감동하여 산을 들어 옮겨주었다는 얘기다. 이 고사는 '남의 눈에는 어리석어 보여도 끊임없이 노력하면 무엇이든 이룰 수 있다'는 메시지를 전하고 있다. 하루에도 수십 번씩 '참을 인' 자를 떠올려야 하는 창업자들이 우공과 같은 마음을 가진다면 보이지 않는 어깨의 짐을 조금은 덜어낼 수 있지 않을까 싶다.

아로마포미 김삼수 사장도 가맹 사업을 진행하면서 5~6년 동안은 소파에서 잠을 청할 정도로 힘든 시간을 보냈다고 털어놨다. 가맹점주에서 가맹 본사를 인수하게 된 김 사장은 운영자가 손님에게 적합한 제품을 권하고 블렌딩하는 방법을 알려주기 위해서는 제대로 된 교육이 절실하다고 생각해서 특화된 교육 프로그램 만들기에 힘을 쏟았다. 그러나 전국에 흩어져 있는 점주들을 모아서 교육을 실시하기란 어려운 일이었다. 결국 온라인 교육이라는 해결책을 찾으면서 효율적으로 가맹점을 관리할 수 있었다. 운영자의 만족도가 높아지면서 매장 수도 안정적으로 늘어나기 시작했다.

그런데 호사다마라 했던가. 경기도 용인시에 있던 물류 공장에서 화재가 발생했다. 제품 대부분이 수입산이다 보니 손실액은 10억 원에 달할 정도로 피해가 컸다. 눈앞이 캄캄했다. 다행히 대부분의 거래처에서 복구 기간 동안 무상으로 지원해주겠다며 도움의 손길을 내밀었다. 오랫동안 신의를 가지고 거래해온 결과였다. 거래처의 도움으로 가맹점 물류 공급에는 큰 차질 없이 급한 불은 끌 수 있었다. 공장을 복구하는 동안 이벤트를 마련해서 전화위복의 계기도 마련했다. 화재로 용기에 흠집이 났지만 내용물은 멀쩡한 제품을 골라내 그동안

아로마포미 매장

아로마포미 제품

김삼수 사장이 야심차게 출시한 천연화장품 유어바디. 전체 매출의 30퍼센트를 차지할 정도로 효자 노릇을 하고 있다.

비싼 가격 때문에 구입을 망설였던 손님들에게 저렴한 값으로 물건을 판매한 것이다. 손상 정도에 따라 일부 제품은 끼워서 판매하기도 했다. 50퍼센트 이상 저렴한 가격에 손님들이 몰려들기 시작했고, 결국 물건이 없어 판매하지 못하는 상황에 이르렀다.

화재를 계기로 새로운 물류 공장은 세 곳으로 분산시켰다. 2009년에는 경기도 오산에 3,000평 규모의 공장을 설립해서 '유어바디(Your Body)'라는 브랜드의 자사 제품도 출시했다. 그동안 천연화장품을 취급해온 노하우를 집약시켜 만든 유어바디는 무향료, 무색소, 무방부제 제품을 자랑한다. 가격도 수입 제품에 비해 50퍼센트 수준으로 낮춰 1~4만 원대로 책정해 소비자 만족도를 높였고, 국내 생산이다 보니 마진율이 높아서 가맹점주의 만족도도 동시에 높아졌다. 유어바디는 가맹점에서 전체 매출의 30퍼센트 정도를 차지하며 아로마포미의 효자 상품으로 자리 잡고 있다.

가맹 사업이 안정화에 접어들었다고 해서 일이 편해진 것은 아니다. 취급 품목인 화장품의 특성상 아로마포미는 여성 점주가 대부분이다. 창업자들이 점점 까다로워지는 것도 문제이지만 남자가 여성 점주를 대하는 일이 보통 힘든 것이 아니라고 하소연했다. 그는 철저한 재고 관리를 통해 불만을 잠재우고 있다. 1,300여 가지 제품의 이동 현황, 품절률 등을 매일 4회씩 홈페이지에 올려 제품 관리에 어려움이 없도록 한 것이다. 제품이 품절되었다면 품절 이유와 재입고 예정일 등도 꼼꼼히 기록한다. 그는 자신이 점주의 입장이 되어 생각하는 것이 점주와의 관계를 원활하게 유지하는 비결이라고 말한다.

요즘 TV를 보면 〈무한도전〉, 〈1박2일〉, 〈남자의 자격〉 등 리얼 버라이어티가 예능의 대세로 자리 잡고 있다. 시청률을 위해 날이면 날마다 주어지는 새로운 미션으로 출연자들은 죽을 맛이다. 연예인으로 살아가기가 갈수록 어렵다, 힘들어서 못해먹겠다는 하소연도 쏟아진다. 그러나 그 역할을 충실히 해냈을 때 시청자들은 열광하고, 그 반응에 출연자들은 다시 힘을 낸다.

창업도 마찬가지다. 가맹점주건 본사 사장이건 운영자의 역할에 따라 성패가 결정되는 창업 역시 '리얼 버라이어티'다. 리얼 버라이어티는 힘들다. 그러나 성공의 열매는 달콤하다. 오늘도 연예인과 창업자는 시청자와 소비자에게 즐거움을 주기 위해 새로운 3D 업종의 세계로 뛰어든다.

6

지방의 인기를 수도권으로

창업 시장에는 속설이 하나 있다. "서울 브랜드가 지방으로 내려가 성공을 거두기는 쉽다. 그러나 지방 브랜드는 지역에서 아무리 날고 기어도 서울에서 성공하기가 쉽지 않다"는 것이다. 돼지국밥, 밀면, 곰장어 등은 부산에서는 큰 인기를 누리는 음식이지만 서울에서는 별다른 호응을 얻지 못한다. 이렇듯 서울은 다양한 입맛을 지닌 사람들이 모여 사는 곳이어서 지역적인 특색이 강한 음식은 오히려 먹히지 않는 특색이 있다. 그러나 이러한 속설에도 불구하고 지방에서 서울로 진출하여 보란 듯이 성공을 거둔 10평의 기적 주인공이 있다. 가르텐호프&레스트 한윤교, 유가네닭갈비 권순용, 신떡 이민화 사장이 바로 그들이다.

가르텐호프&레스트 한윤교 사장은 자신이 개발한 냉각테이블과 긴

가르텐 세컨드브랜드 치킨퐁

가르텐 서드브랜드 사도시

가르텐호프&레스트 매장

맥주잔으로 대전에서 한차례 돌풍을 불러일으켰다. 5층이라는 불리한 입지에도 불구하고 220평 규모의 점포에서 하루 매출 500만 원을 쉽게 넘긴 것이다. 광고를 하지 않았는데도 손님과 지인을 통한 창업 문의가 이어지면서 대전과 청주를 비롯해 충청권에 20여 개의 가맹점을 개설했다. 자신감이 붙은 그는 자연스레 프랜차이즈의 각축장인 서울에 진출하기로 결심했다.

사업 시작 2년째인 2006년, 서울 서초구 남부터미널 인근에 작은 규모의 작은 사무실을 마련하고, 주류 공급업체를 물색했다. 그러나 그의 자신감과는 달리 업체의 반응은 냉랭했다. 서울에 가맹점이라고는 하나도 없는 신생업체인 데다 지방에서 올라왔다며 무시했던 것이다. 수십 군데를 돌아다닌 끝에 수원의 한 업체와 겨우 주류 공급 계약을 맺을 수 있었다. 같은 해 6월, 서울 관악구 신림동에 가맹 1호점을 개설했다. 독특한 시스템 때문에 손님들이 모여들면서 월 매출 3,500~4천만 원을 기록하며 성공적으로 서울에 안착했다. 입소문이 나면서 소개를 통해 가맹점 개설 희망자가 하나둘 나타나기 시작했다. 그리고 서울 진출 5년 만에 가맹점수는 200개를 돌파했다.

한 사장은 "가맹점 개설이 본격적으로 진행되면서 놀라운 속도로 숫자가 늘어나자 서울 진출 당시 주류 공급에 난색을 표했던 업체들이 좋은 조건을 제시하면서 다시 접근했다"고 당시 상황을 회상했다. 입장이 완전히 뒤바뀐 셈이었다. 그러나 이번에는 그가 거절할 차례였다. 어려운 시절에 손을 내밀어준 사람의 고마움을 잊지 않아야 한다는 것이 그의 철학이다. 현재 수원의 주류 공급 업체는 가맹점수가 월등한 서울·경기 지역 매장의 주류 공급을 도맡아 진행하고 있다.

유가네닭갈비 매장 오픈식

유가네닭갈비 권순용 사장은 부산에서 자리 잡은 경우다. 그는 저렴한 가격과 무조건 오케이 하는 서비스를 통해 닭갈비전문점으로 대박을 터뜨렸다. 명예퇴직자를 중심으로 창업 문의가 이어지면서 가맹사업은 부산을 비롯한 경남 지역을 기반으로 활발히 진행됐다. 점포 수가 20개를 넘어선 2003년에는 서울 노량진으로 진출했는데, 주머니 가벼운 학생들, 고시생들이 문전성시를 이루면서 성공을 거뒀다.

이후 명동과 강남, 잠실, 부천, 일산 등 서울과 수도권에 가맹점 개설이 활발히 진행되면서 경기도 화성에 120평 규모의 물류 센터도 마련했다. 지난 2009년에는 물류 매출만 160억 원을 기록했다. 권 사장은 "지난 15년간 가맹점이 80여 개로 늘어났지만 대부분 단골이나 기존 가맹점주의 소개를 통해 개설한 것"이라고 설명했다.

떡볶이전문점 신떡을 운영하고 있는 이민화 사장의 본거지는 대구다. 그는 대학을 졸업하고 취업이 아닌 창업을 택했다. 그리고 대구 동성로에 2천만 원을 들여 작은 규모의 작은 떡볶이 가게를 열었다. 당시 메뉴는 아주 매운 떡복이 '신떡' 하나뿐이었다. 시간이 지나도 불지 않는 떡과 맛있는 매운맛 소스를 개발하는 데에만 2년의 시간이 걸렸다. 한번 맛보면 발걸음을 끊을 수 없다고 해서

신떡 홈페이지

신떡은 대구에서 마약 떡볶이로 유명세를 떨쳤다.

신떡 점포

'마약 떡볶이'라는 별칭까지 얻었다. 새벽까지 손님들이 몰려들면서 하루 평균 매출은 200만 원을 넘어섰다.

"10평도 안 되는 조그만 점포에서 매출이 한순간에 급격히 상승하자 이를 의아하게 여긴 세무서에서 조사를 나오기도 했다"며 웃으면서 당시를 회상했다.

5년 만에 대구 지역 가맹점수가 15곳을 넘어서면서 전국으로 영역을 확대했다. 광고를 하지 않았는데도 입소문이 나면서 손님들이 몰려들었고, 기존 가맹점주와 지인을 통해 가맹점수는 120여 개로 늘어났다. 가맹점이 전국으로 확대되면서 메뉴의 폭도 넓어졌다. 매운맛이 강한 '신떡'은 대구·경상권에서, 매콤하면서 달콤한 맛의 '매떡'은 서울·경기권에서, '짜떡(매콤한 짜장)'과 '카떡(매콤한 카레)'은 아이들에게 인기가 많다. 김밥과 우동 등 부메뉴에도 고추를 넣어 매운맛을 강

신떡 메뉴

떡볶이도 다양한 맛이 가능하다는 것을 보
여주는 신떡의 메뉴들

조하고 있다. 그는 "대구 지역은 매
운맛이 강세지만 서울·경기 지역
은 달콤한 맛을 선호하는 등 지역에
따라 선호하는 맛이 조금씩 다르다.
그래서 매운맛을 바탕으로 다양한
맛을 개발하게 됐다"고 설명한다.

또 "가맹점 개설과 관련해 전화
상담을 하다 보면 본사가 지방에 위
치하고 있어서 생각을 달리하는 사
람들이 종종 있다. 차별화된 맛을
유지하기 위해서는 대구 생산 공장
을 지켜야 한다는 점, 서울로 본사를 옮길 경우 높은 고정 비용이 발
생해서 결국 가맹점에 해가 될 수 있다는 점을 창업자들이 알아줬으
면 좋겠다"며 아쉬워했다.

현재 국내 프랜차이즈 산업을 이끄는 가맹 본부는 약 2,400여 개,
가맹점수는 35만 7,000여 개, 시장 규모는 약 97조 원에 이르는 것으
로 파악되고 있다. 그런데 2003년 산자부 조사에 따르면 프랜차이즈
본사 소재지는 서울과 인천, 경기에 86퍼센트가 편중돼 있다.

이러한 상황은 시사하는 바가 크다. 프랜차이즈 가맹 계약을 위해
서는 예비 창업자들이 본사를 직접 방문해서 상담하고 계약서를 작성
한다. 이때 본사가 어느 지역에 위치하고 있는지, 어떤 건물에서 어느
정도의 규모로 회사를 운영하고 있는지 자연스럽게 살펴보게 되는데,

본사의 외형적인 측면이 가맹 계약을 결정하는 데 큰 요소로 작용하는 셈이다. 그러나 여기에는 큰 함정이 있을 수 있다. 겉모습은 화려해 보여도 실속은 없는 곳일 수가 있기 때문이다. 물론 모든 프랜차이즈 본사가 그렇다는 것은 아니지만 조심하고 신중해서 나쁠 것은 없다. 창업자들은 본사의 소재지, 건물의 규모 등을 유심히 살펴볼 것이 아니라 본사에서 제공하는 정보 공개서를 좀 더 꼼꼼히 살펴볼 필요가 있다. 앞서 소개한 주인공들처럼 지방에 적을 두더라도 경영 내실화를 기하고 있는 튼튼하고 건실한 알짜 기업을 찾아내는 것이 실속 창업이 될 수도 있음을 명심하자.

공정거래위원회 홈페이지

프랜차이즈에 관해 다양한 정보를 알 수 있는
공정거래위원회 홈페이지

7

세상이 나를 속일지라도

"살다 보면 하루하루 힘든 일이 너무도 많아. 가끔 어디 혼자서 훌쩍 떠났으면 좋겠네. 수많은 근심 걱정 멀리 던져버리고 (중략) 내일은 오늘보다 나으리란 꿈으로 살지만. 오늘도 맘껏 행복했으면, 그랬으면 좋겠네."

가수 권진원이 부른 〈살다 보면〉이라는 노래의 가사다. '내용이 가슴에 너무도 와 닿는다'라는 반응이라면, 노래 속 이야기처럼 현재 자신이 처한 상황이 너무 힘들거나 양 어깨에 큰 곰 한 마리를 짊어지고 있는 것이 틀림없다. 근심과 걱정은 멀리 던져버리고 훌쩍 떠나라고 말하고 싶지만 뒷일을 책임질 수는 없기에 다른 해결책을 제시해본다. 지금 당장 내 편이 되어줄 사람에게 전화하라. 그리고 그 사람과 함께 맛있는 식당을 찾아가라. 신나는 음악을 듣고 맛있는 음식을 먹으며 마음속에 담아둔 말을 쏟아내라. 그릇을 다 비우고 후식을 즐길 즈음이면 스트레스가 어느 정도 해소되어 있을 것이다.

세상을 살다 보면 별의별 일을 다 겪게 마련이다. 그중에서도 가장 힘든 일을 꼽으라면 믿었던 사람의 배신, 가까운 사람에게서 상처 받는 일이 아닐까 싶다. 창업 시장, 그중에서도 프랜차이즈 사업에는 그런 일이 비일비재하다. 뭐 하나 잘된다 싶으면 너도나도 비슷한 아이템을 가지고 성공해보겠다고 뛰어드는 곳이 창업 시장이다. 더욱 황당한 일은 함께 일했던 동료마저 본사의 핵심 정보를 가지고 퇴사해서 슬그머니 비슷한 시스템을 갖춘 뒤 유사 브랜드를 만들어 가맹점을 모집하는 경우다. 쉽게 말해 뒤통수를 치는 셈이다. 이런 일은 프랜차이즈 시장을 어지럽히는 것은 물론 창업자들에게도 혼란을 주기 때문에 결국 모두가 피해자가 되는 안타까운 결과로 이어진다.

장충동왕족발의 도메인은 '1588-3300(www.1588-3300.co.kr)'이다. 신신자 사장은 유사 브랜드와 확실하게 선을 긋기 위해 도메인에 전

화번호를 사용한다. 인터넷에 장충동왕족발을 검색하면 '족발 보쌈전문점 장충동○○', '○○네 장충동왕족발', '장충동왕족발 ○○야식' 등 무려 20개에 가까운 유사 사이트가 뜬다. 홈페이지를 운영하지

장충동왕족발 홈페이지

유사 브랜드와의 차별화를 위해 전화번호를 도메인으로 사용하고 있는 장충동왕족발 홈페이지

장충동왕족발 본사

않는 영세업체까지 포함한다면 전국에 수백 개의 짝퉁 브랜드가 판을 치고 있는 셈이다.

이런 유사 브랜드의 범람 때문에 원조 브랜드인 장충동왕족발 본사가 입는 피해는 막심하다. 짝퉁 업체들이 제대로 된 상품을 만들어내지 못하기 때문이다. 좋지 않은 식자재에 맛까지 떨어지니 소비자들의 불만이 제기되는 것은 당연한 일이다. 그런데 황당하게도 모든 불만은 장충동왕족발 본사로 향한다.

신 사장은 "짝퉁 업체에 주문한 고객으로부터 항의를 듣는 것은 다반사"라며 "짝퉁 업체들의 상품이 좋으면 그나마 다행인데 그렇지 않은 것이 문제"라고 지적했다. 또 족발전문점이 대부분 배달을 전문으로 하다 보니 소비자들이 매장을 찾지 않고 전화 주문을 하는 데서 문제가 발생한다고 말한다. "매장 판매라면 소비자들이 짝퉁 브랜드임을 쉽게 알 수 있는데, 그렇지 못해 아쉬움이 크다"며 답답함을 호소했다.

더욱 황당한 일은 그와 함께 일을 했던 3명의 지사장이 뭉쳐서 유사 상호의 족발전문점을 차린 것이다. 이 일로, 당시 전체 가맹점의 3분의 1이 떨어져나갈 정도로 타격이 컸다. 신 사장은 브랜드는 흉내 낼 수 있어도 제품은 흉내 낼 수 없다는 생각에 흔들리지 않았다. 그러나 소비자들이 맛이 다르다는 불만을 제기하며 하루에도 몇 번씩 환불을 요구하는 사태가 벌어지자, 빠져나갔던 가맹점이 다시 돌아왔다. 그렇게 한차례 홍역을 치르고 난 뒤, 지난 2009년에는 가맹점수 170여 개, 인수 당시 40억 원이었던 매출이 120억 원을 넘어섰다. 신 사장은 지금도 원조 브랜드를 알리기 위해 다양한 노력을 기울이고 있다.

사바사바치킨 정태환 사장 역시 배신에 대한 쓰라린 기억이 있다. 프랜차이즈 사업이 본격적인 궤도에 올랐을 때, 닭튀김 전문 기사를 모집해서 교육을 시킨 뒤 가맹점에 파견하는 방식으로 경쟁력을 높였다. 이러한 전략은 초보 창업자들에게 특히 인기를 끌었다. 덕분에 40여 개의 점포가 추가로 개설됐다. 그런데 엉뚱한 곳에서 문제가 발생했다. 한 가맹점주가 닭을 싸게 공급하겠다며 다

사바사바치킨 정태환 사장

정태환 사장은 서비스와 메뉴 업그레이드에 직접 참여한다.

사바사바바치킨 메뉴 순살파닭치킨

른 16개 가맹점을 끌고 나가버린 것이다. 배신감은 이만저만이 아니었다. 창업 자금이 부족하다며 딱한 사정을 호소해서 정 사장이 겨우 가맹점을 개설해준 창업자였기 때문이다. 안타까운 마음에 여러 가지 편의를 봐주고 가맹점을 개설해준 터였는데, 믿는 도끼에 발등을 찍힌 것이나 다름이 없었다.

이로 인한 충격은 가맹 사업에 대한 회의로 이어졌다. 자신의 브랜드를 모방한 경쟁 업체도 우후죽순 생겨나면서 그는 변화하지 않으면 생존이 어렵다고 판단하고, 가맹점 개설 속도를 줄인 후 내실 다지기에 나섰다. 교육 시스템을 더욱 강화하고 매장 인테리어에도 변화를 줬다. 한층 업그레이드된 서비스와 메뉴로 편의성과 만족도가 높아지면서 손님들의 발걸음이 이어졌다. 가맹점 매출은 20~30퍼센트 상승했고, 지난해 본사 매출도 80억 원을 기록했다.

아시안푸드 조미옥 사장은 믿었던 지인의 배신에 충격을 받아 잠시 담금질의 시간을 보내기도 했다. 푸드코트형 중식전문점 '뮬란'이 성공을 거둔 이후였는데, 경쟁 점포에서 가격을 낮추고 양으로 승부를 걸자 푸드코트를 벗어나야 할 시기가 다가왔다고 직감했다. 그리고 백화점 내 소형 점포에서 테이크아웃 형태로 판매할 수 있는 왕만두를 개발했다. 시식은 신세계백화점에서 이뤄졌다. 반응은 폭발적이었다. 자신감을 얻어 전국의 백화점을 돌아다니며 홍보 행사를 시작했다. 다시금 장밋빛 미래가 펼쳐질 찰나였다.

그런데 갑자기 거래처로부터 물건 대금이 입금되지 않았다는 연락이 오기 시작했다. 알고 보니 함께 일했던 동료가 판매 수익은 물론 거래처에 입금해야 할 비용까지 모조리 가로챈 것이다. 심지어 주방기기를 몰래 빼돌려 팔아먹기까지 했다. 조 사장은 오로지 제품 개발과 영업에만 신경을 쓰고 있었기에 청천벽력과도 같았다. 과정이 어찌 됐든 업체의 대표는 자신이었고, 스스로 책임을 떠안아야 한다고 판단했다. 그리고 고통의 시간을 감내했다. 물론 자신의 등에 칼을 꽂은 동료에게는 결별을 선언했다.

그런데 "죄 짓고는 못 산다"는 말이 맞는 모양이다. 2008년 여름, 필자는 우연한 기회에 문제의 그 동료를 만났다. 당시 'A만두'라는 만두전문 프랜차이즈를 진행하고 있었고, 본사를 찾은 필자에게 사업이 유망하다며 열심히 설명했다. 그와 함께 가맹점을 방문했는데, 가맹점주의 태도가 이상했다. 본사 사장을 대하는 가맹점주의 시선과 태도가 곱지 않은 정도가 아니라 노골적으로 싫은 티를 냈다. 연

아시안푸드 상하이델리

락도 없이 마음대로 가맹점을 찾아오는 것에 대해 화를 냈고, 심지어는 돈을 낸다고 해도 절대 음식을 만들어주지 말라며 다른 직원에게 엄포를 놓기까지 했다. 결국 우리는 다른 점포로 자리를 옮겼고 서로 민망한 분위기 속에서 만남의 자리는 대충 마무리됐다. 돌아오는 길에 들었던 생각은 "본사와 가맹점 사이가 저 지경이라면 향후 사업 전망은 불을 보듯 빤하다"는 것이었다.

그러한 일이 있고 1년 뒤 조미옥 사장을 만났다. 인터뷰 중 이런저런 얘기를 하다가 자신을 배신한 직원 얘기가 나왔다. 그때 머릿속에 그 사람이 떠올랐다. 그의 이름을 조심스레 꺼냈더니, 조 사장이 깜짝 놀라는 것이었다. A만두 사장이 바로 그 직원이었던 것이다. 1년의 시간이 흐른 지금, 그 사장은 어떻게 됐는지 행방을 알 수가 없다. 다만 그가 운영하던 프랜차이즈 사업은 개설 후 제대로 관리가 되지 않

아시안푸드 조미옥 사장

조미옥 사장은 동료의 배신이라는 아픔을 이겨내고 새롭게 도약하며 승승장구하고 있다.

아 문을 닫았다. 업계에서는 돈만 챙기고 지원은 없는 전형적인 사기 형태의 프랜차이즈로 지목됐다. 거래처에서는 기계와 용기를 납품한 후 돈을 받지 못했고, 인테리어 업체에서도 공사 후 돈을 받지 못해 큰 피해를 입었다고 한다. 남의 것을 빼앗아 자신의 이익을 취하려다가 아무것도 이루지 못한 채 결국 사기꾼이 되고 만 것이다.

아무리 경쟁이 치열한 창업 시장이지만 편법을 사용해서는 안 된다. 공정하고 양심적인 경쟁을 통해 우위를 선점해야 사업의 영속성을 보장할 수 있다. 남의 눈에 눈물을 흘리게 하면 자신의 눈에서는 피눈물이 날 수 있다는 만고불변의 진리를 명심해야 할 것이다.

8

나이는 숫자에 불과하다

2002년에 나온 KTF(현 KT)의 '나이는 숫자에 불과하다'라는 카피를 기억하는가? 새 학기 첫 수업이 시작되기 직전에 분주한 대학 강의실 앞. 이때 복도를 두리번거리며 옆에 책을 낀 노신사가 등장하고, 학생들은 모두 교수님이 등장했다고 생각해서 부리나케 자리에 앉아 자세를 가다듬는다. 그러나 그 노신사는 한 학생 옆에 자리를 잡고 앉는다. 그 순간, 학생들은 놀라서 웅성거린다. 한 여학생은 당혹스러운 표정을 한 채 "설마 학생은 아니겠지?"라며 옆 친구에게 속삭인다. 어색하지만 재미있다는 표정으로 학생들의 모습을 바라보는 노신사. 이어서 대학생처럼 보이는 젊은 청년이 강단에 올라서서 마이크를 잡는다. 화면에는 다시 한 번 놀라는 학생들의 얼굴이 클로즈업된다. 그러자 노신사의 얼굴을 배경으로 "나이는 숫자에 불과하다"는 자막과 함께 국민배우 안성기 씨가 나지막한 목소리로 멘트를 날린다. 발상을 뒤엎는 이 광고는 '고정관념에서 탈피하자'는 인식을 불러일으키며 상당한 이슈가 됐다.

"나이는 숫자에 불과하다"는 말은 최근 창업 시장에도 적용되고 있다. 예전에는 '퇴직 후 마땅히 할 일이 없을 때 하는 것'이 음식점 창업이었다면, 지금은 '자신의 더 큰 꿈을 펼칠 수 있는 장'이라고 생각하는 젊은이들이 많다. 그래서 창업 시장의 나이가 점점 젊어지고 있다. 물론 취업이 어려워서 창업 시장에 뛰어드는 청년들도 있지만, 처음부터 사업을 목표로 진지하게 계획을 세우고 차근차근 계획을 실행해서 좋은 결과를 만들어낸 사례도 증가하고 있다. 청년 창업의 경우

66 25세라는 이른 나이에
전공과는 상관없이
창업 시장에 뛰어든 것은
떡볶이에 인생과 미래를
걸었기 때문이다. 99

신떡 이민화 사장

이민화 사장은 젊음의 열정으로 프랜차이즈 사업을 착실히 진행하고 있다.

아이디어와 패기로 무장하여, 맛은 기본이고 차별화되고 경쟁력 있는 서비스까지 골고루 갖추며 손님들의 발걸음을 사로잡고 있다. 나아가 프랜차이즈 사업으로 규모를 확대해 성공가도를 달리기도 한다.

매운 떡볶이전문점 신떡을 운영하고 있는 이민화 사장은 지금으로부터 11년 전인 1999년, 25세라는 이른 나이에 창업 시장에 뛰어들었다. 대학에서 건축을 전공했지만 일찌감치 그의 마음은 창업 시장을 향해 있었다. 졸업 후 취업이 아닌 창업을 택한 것도 그 때문이었다. 그리고 어린 시절은 물론 어른이 되어서도 꾸준히 즐겨 먹는 떡볶이에 그의 미래와 인생을 걸었다. 대중성이 높은 떡볶이지만 지금까지와는 다른 독특한 맛을 내세우면 성공할 수 있겠다는 생각이 들었기 때문이다.

떡볶이전문점을 차린다는 말에 주변 사람들 모두 쌍수를 들고 말렸다. 길거리에서 쉽게 사 먹을 수 있는 것이 떡볶이인데, 누가 굳이 비싼 돈 주고 점포를 찾아와 먹겠냐며 한심한 듯 혀를 차기도 했다. 그러나 그는 뜻을 굽히지 않았고, 대구 동성로에 2천만 원으로 작은 떡볶이 가게를 열었다. 기대와는 달리 개업 후 6개월까지 매출은 초라하기 그지없었다. 너무 강렬한 매운맛에 사람들이 거부감을 나타낸 것이다. 하루 매출은 고작 10~20만 원에 그쳤다. 그러나 단념하지 않았다. 손님이 없어도 영업 시간은 반드시 지켰다. 일이 없다고 시간을 헛되이 보내지도 않았다. 여러 가지로 연구하며 떡볶이와 잘 어울리는 다양한 메뉴를 개발했다.

시간이 지나면서 "이 집 떡볶이의 매운맛이 이상하게 생각나더라"

박영순 사장은 빠듯한 스케줄도 마냥 즐겁다고 말한다.

며 다시 찾아오는 고객이 하나둘 늘어났다. 상황은 순식간에 역전됐다. 일주일에 2~3회씩 오는 단골도 생겼다. 업계 최초로 실시한 배달 서비스도 매출 상승에 한몫 했다. 시키지 않았는데도 주 고객인 젊은 층이 인터넷상에 신떡을 소개하고 입소문을 내면서 가맹 사업은 자연스럽게 진행됐다.

베이비시터 전문업체 부모마음을 운영하는 박영순 사장은 늦은 나이에도 창업 시장에 뛰어들어 성공을 거둔 사례다. 그는 15년간 몸담았던 출판사를 정년을 맞아 퇴직했다. 이제 모처럼의 여유를 즐기며 쉬려던 참이었다. 그때 출산을 앞둔 딸이 양육 문제를 의논했다. 직장에 다시 복귀해야 한다며 친정 엄마인 박 사장이 손녀의 양육을 맡아 주었으면 하는 뜻을 내비쳤다. 그러나 단호하게 거절했다. 아이라면 눈에 넣어도 아프지 않을 만큼 예뻐했지만, 딸의 인생만큼이나 자신의 인생도 중요했다. 남은 인생을 아이를 키우며 보내기는 싫었다. 그렇지만 그녀도 엄마였다. 난감해하는 딸의 모습이 눈에 아른거렸다.

그때 문득 '맞벌이 부부를 대상으로 가정에서 아이를 돌봐주는 사업을 하면 잘되겠다'는 생각이 떠올랐다. 체계적인 교육을 받은 베이비시터들이 아이를 돌본다면 일하는 엄마들이 걱정 없이 직장생활을 계속 할 수 있을 터였다. 이러한 생각을 실행으로 옮긴 것이 바로 베이비시터 사업인 '부모마음'이다. 은퇴가 아닌 새로운 비즈니스를 택한 박 사장에게 젊은 엄마들의 러브콜이 쏟아졌다. 그를 찾는 사람들이 하나둘 증가하면서 눈코 뜰 새 없이 바빠졌고 2005년 9월에는 일산에서 베이비시터 수요가 많은 강남으로 본사를 이전했다. 지점 역시 서울과 경기 지역을 중심으로 14개로 늘어났다. 사업이 안정화에 접어들자 2007년에는 노후자금을 보태 102㎡ 규모의 사무실을 구입했다.

지난해 본사가 기록한 연매출은 7~8억 원 정도이고, 수익은 부모 이용료의 7~11퍼센트 수준이다. 부모마음의 주 고객층은 36개월 미만의 영아가 대부분이다. 36개월 이상의 아이들은 놀이방이나 어린이집 등을 이용할 수 있지만, 그보다 어리면 집에서 돌봐줄 사람이 필요하기 때문이다.

부모마음 홈페이지

박 사장은 베이비시터 이용

시장이 더욱 확대될 것으로 내다본다.

"시터를 사용하려는 워킹맘과 시터로 활동하려는 40~50대 중장년 여성층 모두 많은 관심을 보이고 있습니다. 현재는 시터 수보다 시터를 사용하는 희망자의 숫자가 훨씬 많은 상황이고요."

그녀는 일을 다시 시작하고 싶지만 마땅한 일자리가 없어서 고민하는 40~50대 고학력의 중산층 여성에게 이 일을 적극적으로 권한다. 기본적으로 아이를 사랑하는 마음이 있고, 육아 경험도 풍부하기 때문이다. 다만 10~20년 전에 육아를 경험했으므로 젊은 주부들의 욕구를 충족시키기에 한계가 있어서, 체계적으로 교육 받고 적극적으로 일하려는 마음가짐이 필요하다고 강조한다.

박 사장은 "'구구팔팔 이삼사(99세까지 팔팔하게 살다가 2~3일 아프고 죽는 게 목표)'라는 말이 이제는 '구구팔팔 이삼일(99세까지 팔팔하게 살다가 2~3일 아프고 다시 일어나는 게 목표)'이라는 말로 바뀌었다"며 "일을 해야 건강하게 오래 살 수 있다"고 강조했다. 그리고 늦은 나이에 다시 시작하려는 중장년 여성들에게 경험에서 나온 당부도 잊지 않았다.

"오랜 공백 기간을 깨고 세상 밖으로 나오는 일이 쉽지는 않지만 할 수 있다는 마음을 가지면 충분히 두려움을 깨뜨릴 수 있어요. 일을 하면 보람은 물론, 수입이 있으니 인생을 즐길 수도 있지요. 단, 너무 쉽고 편한 일만 찾는 것은 금물입니다."

기적 뒤에 숨은 비밀

성공의 노하우

경쟁 우위를 차지하기 위해 새로운 것, 기발한 것을 찾아 나서지만 사실 새로운 것은 없다. 기존의 것을 면밀히 분석하여
부족한 점을 찾아내고 보완해서 대박을 터뜨리는 것이다.

호랑이를 잡으려면 호랑이 굴로 들어가라.

1

뻔한 메뉴에 아이디어
입혔더니 새로운 메뉴

창업을 준비하는 사람들은 경쟁 우위를 차지하기 위해 뭔가 새로운 것, 기발한 것을 찾아 나서지만 사실 창업 시장에 새로운 것은 없다. 지금 당장 주변 상권을 둘러보더라도 그 사실을 금방 확인할 수 있다. 늘 접해온 음식인데 만드는 방식이나 먹는 방법을 달리하거나 흔히 접하는 메뉴 중 하나였던 것을 특화해서 전문점으로 탈바꿈시킨 것뿐이지, 갑자기 혜성처럼 등장한 것은 없다.

10평의 기적을 만들어낸 주인공들 역시 새로운 것을 창조했다기보다 기존의 것을 면밀히 분석하여 부족한 점을 찾아내고 자신만의 강점을 보완해서 소위 대박을 터뜨린 경우가 대부분이다.

(주)김가네 김용만 회장은 기존의 부실한 김밥을 알차게 만들고 제작 과정을 공개하는 방식으로 차별화를 시도하여 분식 시장에 센세이

(주)김가네 본사

김밥의 새로운 발견을 통해 350여 개의 가맹점을 거느린 프랜차이즈로 발전한 (주)김가네

션을 일으켰고, 서울 대학로 앞 50㎡ 규모의 조그만 분식집을 350여 개의 가맹점을 거느린 프랜차이즈 업체로 키워냈다. 아무도 생각하지 못한 번뜩이는 아이디어로 치열한 레드오션에서 블루오션을 찾아내 승승장구하게 된 것이다.

그가 김밥을 새롭게 발견한 것은 1994년 무렵이다. 서울 대학로에 위치한 작은 분식점은 사실 수제 왕만두로 유명했다. 속이 꽉 찬 만두는 줄을 서서 구입할 정도로 인기가 많았지만 실속은 없었다. 영업이 끝난 뒤 아내와 함께 새벽까지 작업해야 했고, 두 사람이 손으로 일일이 작업하다 보니 만들어낼 수 있는 수량도 50여 개에 불과했다. 일을 마친 뒤 늦은 시간까지 만두를 만들고 다음 날 영업을 위해 일찌감치 문을 열다 보니 몸은 더욱 피곤해졌다.

그래서 두 사람은 효율적으로 수익을 낼 수 있는 방법을 고민하다가 김밥을 차별화하기로 했다. 당시 대부분의 분식점에서는 김밥을 주방에서 미리 만들어 판매하는 방식이었고 속 재료도 3~4가지밖에 되지 않아 만족도가 높지 않다는 사실에 주목한 것이다.

(주)김가네가 성공을 거둘 수 있었던 것은 이렇듯 흔하디흔한 김밥이라는 뻔한 메뉴에 자신만의 독특한 아이디어를 가미하여 기존에 없

던 새로운 김밥전문점을 만들어냈기 때문이다. 소비자들이 말로는 하지 않았지만 3~4가지에 불과한 재료를 가지고 주방에서 미리 만들어 내놓는 김밥에 만족도가 높지 않았던 것이다. 김용만 회장은 소비자들의 가려운 부분을 찾아내 제대로 긁어줬고, 소비자들은 업그레이드된 맛과 점포에 높은 점수를 주며 다소 비싼 값을 지불하더라도 김가네를 이용하기 시작했다.

김용만 회장이 메뉴와 매장 업그레이드로 분식 시장에 센세이션을 불러일으켰다면, 떡쌈시대 이호경 사장은 고기를 싸 먹는 방법을 차별화하여 고깃집에 변화의 바람을 가져왔다. 그는 고기를 상추와 깻잎과 같은 야채가 아닌 얇은 떡피에 싸 먹도록 하고, 고기도 수입산이 아닌 국내산 돼지고기를 사용하여 맛의 질을 높여서 소비자들을 만족시켰다.

그가 거둔 성공으로 이내 비슷한 메뉴를 갖춘 후발 업체들이 등장했지만, 곧이어 코코넛 가루, 콩가루를 뿌린 떡피, 호박떡피, 쑥떡피 등 떡피의 종류를 다양화하고 해산물을 삼겹살에 싸 먹는 '해물롤삼겹' 등 신메뉴를 꾸준히 출시하는 노력을 기울이며 선두자리를 쉽사리 놓치지 않았다.

떡쌈시대는 국내산 생삼겹살을 사용해 신뢰도를 높였다.

그는 "수많은 외식 업체들이 나타났다가 사라지기를 반복하는 치열한 경쟁 상황에서 살아남으려면 변화가 필요하다. 특히 프랜차이즈 음식점은 손님이 찾아오기를 기다리고만 있어서는 안 된다. 손님이 원하는 밥상을 차려놓고 오게끔 만들어야 한다"고 강조한다.

프랜차이즈 사업 6년째를 맞으면서 이호경 사장은 변화를 추구하고 있다. 2009년 8월, 새로운 떡쌈시대를 내놓은 것이다. 서울 강서구 내발산동 3층 건물에 기존 고깃집과 차별화를 선언한 '떡쌈시대로(爐)'를 열었다.

'떡쌈시대로'는 고깃집에 없던 샐러드 바를 도입했고, 다양한 종류의 고기를 부위별로 먹을 수 있는 '콤보' 메뉴를 준비했다. 한마디로 먹을거리에 대한 선택의 폭을 넓힌 셈이다. 또 젊은 층과 가족 단위

떡쌈시대 본사

손님을 위해 식사·공간을 나눠 인테리어와 음악 등 분위기도 달리하고 있다.

기존 떡쌈시대와의 공통점이 있다면 박리다매 전략이다. 품질과 서비스 질을 높여 이윤은 적게 남기되 많은 사람들이 찾도록 해서 큰 수익을 만들어나가는 것이 목표다. 또, 본사의 견실화를 위해 물류 수익이나 개설 수익에 의존하지 않고 직영 체제를 강화할 예정이다.

이호경 사장은 "성공이라고 하기에는 아직 이르다고 생각한다. 일본의 경우에는 유명 고기 프랜차이즈점이 해외에 진출해서 좋은 반응을 얻고 있다. 우리도 세계적인 외식 기업으로 발돋움하기 위해 메뉴 개발 등에 끊임없는 노력을 기울일 것"이라고 포부를 밝혔다.

아이디어 하면 (주)더본코리아 백종원 사장을 빼놓을 수가 없다. 다양한 브랜드를 성공적으로 운영하고 있는 비결도 가만히 들여다보면 하나하나에 아이디어가 숨어 있다. 새마을식당의 대표 메뉴인 김치찌개가 좋은 예다.

김치찌개는 가장 일상적이며 평범한 메뉴이지만 그는 이것을 새마을식당에만 있는 독특한 메뉴로 탈바꿈시켰다. 새마을식당에서는 김치찌개를 낼 때 밥을 먼저 내지 않고 김치찌개가 다 끓으면 그때서야 밥을 커다란 그릇에 퍼서 내놓는다. 타이머도 도입했다. 김치찌개는 7~9분 끓였을 때 가장 맛있다는 점에 착안하여 테이블마다 타이머를 놓아둔 것이다. 그렇게 해서 탄생한 것이 '7분 돼지김치찌개'다. 타이머가 없을 때는 찌개가 끓기도 전에 뚜껑을 열고 국물을 떠먹던 손님들이 이제는 재밌다며 타이머가 울릴 때까지 얌전히 기다렸다. 7분이

떡쌈시대로 샐러드 바

떡쌈시대로 메뉴

떡쌈시대로 매장

(주)더본코리아 새마을식당

지나면 종업원이 가위로 고기
와 김치를 잘게 잘라주면서
밥에 비벼 먹으면 더 맛있다
고 권했다. 최상의 타이밍을
정확하게 지키고, 찌개 끓는
냄새를 맡으면서 허기를 느끼
니 더 맛있게 느껴진다는 평

새마을식당 7분 타이머

재미와 맛을 찾아낸 7분 타이머

이 이어지면서 '7분 돼지김치찌개'는 대박을 터뜨렸다. 이 외에도 백
사장의 아이디어 브랜드는 무궁무진하다. 중국집의 평범한 메뉴인 짬
뽕과 자장을 대표선수로 뽑아내 '홍콩반점0410', '마카오반점0410'이
라는 전문 식당을 만들어 창업 시장에 단일 메뉴 바람을 불러일으킨
것도 그의 아이디어다.

　백 사장은 수많은 브랜드 아이디어가 비단 메뉴에만 적용되는 것은
아니라고 말한다. 멸치국수전문점 '미정국수0410'에는 식권 발매기가
있다. 돈을 넣고 메뉴를 선택하면 잔돈과 식권이 나오는 기계다. 쿠
폰 자판기의 등장에 사람들은 '재밌다', '신기하다', '기발하다' 등등 긍
정적인 반응을 나타냈다. 운영자 입장에서는 계산을 받고 잔돈을 거
슬러주는 카운터가 필요 없으니 조리에만 집중할 수 있어서 만족도가
높아졌다. 홍대 앞 일본식 라면집에서는 별다른 반응을 얻지 못했던
기계를 제대로 활용한 것이다.

　그러나 대개의 경우 기발한 아이디어를 활용하고 싶은데 잘 떠오르
지 않는다고 고민할 것이다. 백종원 사장은 커뮤니티 또는 블로그야

미정국수0410 매장

미정국수0410 식권 발매기

말로 가장 훌륭한 아이디어 사냥터라고 추천한다. 그 역시 하루에 3~4시간 정도 블로그를 찾아다니며 블로거들이 올린 요리 사진을 감상하는 것이 중요한 일과라고 한다. 그는 사진들을 보며 '이 음식은 이렇게 만들었을 거야', '이 메뉴는 이렇게 만들면 더 맛있겠다'라는 식으로 아이디어를 얻는다. 이러한 과정에서 새로운 아이디어가 떠오르거나 창업 아이템이 만들어지기도 한다.

앞서 얘기한 것처럼 많은 사람들이 어디에도 없는 기발한 것을 찾아다니지만 이 세상에 완전히 새로운 것은 없다. 사람들이 많이 찾는 메뉴나 아이템 중에서 2퍼센트 부족한 것이 무엇인지 꼼꼼히 살펴보자. 무(無)에서 유(有)를 찾아내는 것보다 유에서 뉴(NEW)를 찾아내는 것이 현명한 방법이 될 수 있다.

2

창업 시장에서 성공하려면 여심을 잡아라

　창업 시장에서 성공을 거두려면 남성 고객을 잡아야 할까, 여성 고객을 잡아야 할까? 답은 여성 고객에 성공의 비결이 숨어 있다는 것이다. 남성 고객들이 많은 점포에는 여성들이 들어가기를 꺼리고, 여성이 많은 점포는 남성과 여성 모두 호기심을 보이며 선뜻 발을 들이는 성향이 있기 때문이다. 그래서 많은 점포에서 여성의 마음을 사로잡기 위해 다양한 노력을 기울인다. 깔끔하고 편안한 인테리어와 어디에 내놔도 손색없는 맛과 친절한 서비스, 넉넉한 인심이면 일단 여성들의 마음을 사로잡을 가능성이 높다.

　그러나 한 외식업 운영자는 여성 고객을 대하기가 쉽지만은 않다고 어려움을 털어놓는다. 남성들에 비해 취향이 까다로우며, 대화에 열중해서 식사 시간이 길고, 반찬과 기타 서비스로 제공되는 음식을 지나치게 많이 먹는 점 등이 불만이라고 했다. 그러나 여성들의 입소문, 높은 충성도 등이 매출에 미치는 영향력이 높기 때문에 불만을 가질 수가 없다고 한다. 좋든 싫든 창업자들은 성공을 위해 여성 고객의 발걸음을 사로잡아야 하는 셈이다.

치킨호프전문점 더후라이팬을 운영하고 있는 이정규 사장은 일찌 감치 여성 고객 속에 성공이라는 키워드가 숨어 있다고 생각하고, 미국 남부식 순살프라이드치킨과 감자칩으로 20~30대 여성을 공략했다. 결과는 성공적이었다. 서울 홍대 앞 지하의 작은 치킨집을 전국 130여 개의 가맹점을 지닌 프랜차이즈로 키워낸 것이다.

창업 시장에서 가장 만만한 것이 '치킨'이고 너도나도 뛰어드는 것이 치킨 프랜차이즈라지만, 그는 처음부터 남들과 다른 시각으로 치킨호프전문점에 접근했다. 물론 프랜차이즈로의 확장도 염두에 두었다. 그는 "치킨호프전문점의 주된 고객이 왜 30~40대 남성들인가?"

더후라이팬 이정규 사장

더후라이팬 대표 메뉴 순살프라이드치킨

이정규 사장은 여성 고객에 초점을 맞춰 새로운 치킨호프전문점을 만들었다.

라는 의문에서 차별화 전략을 찾아냈다.

"스타벅스를 보세요. 비싼 커피값에도 불구하고 손님들로 북적이잖습니까? 점포를 채우고 있는 사람들은 다름 아닌 20~30대 여성들입니다. 이들이 바로 문화와 식음료 소비의 주류인 것이죠. 그래서 이들을 사로잡을 수 있는 치킨호프전문점을 만들면 대박을 터뜨릴 수 있겠다 싶었습니다."

공학도 출신이지만 어려서부터 외식업에 관심이 많았던 그는 일찌감치 취업보다 창업을 택했다. 창업 자금 2,600만 원으로 음식점을 할 수 있는 곳을 찾아 백방으로 뛰어다녔고, 홍대 앞 지하에 권리금이 없는 23㎡ 남짓한 점포를 구할 수 있었다.

처음에는 비어큐브라는 간판을 내걸었다. 그리고 여성들이 좋아할 만한 메뉴를 개발하고 가격도 조정해보는 등 다양한 시도를 선보였다. 그렇게 해서 등장한 것이 순살프라이드치킨이다. 메뉴는 안심과 다리살 두 가지만 판매한다. 또 기존의 치킨집에서 내놓는 식초에 담긴 무는 과감히 버리고 생감자를 직접 썰어 만든 감자칩을 제공했다.

반응은 3개월 만에 나타났다. 장사가 안 되던 지하 점포가 어느새 줄 서서 먹는 치킨점이 된 것이다. 하루 매출도 70~80만 원을 넘어섰다. 1년간의 운영을 통해 그는 프랜차이즈의 가능성을 확인했다. 그러나 음식점 한곳의 성공과 프랜차이즈 사업은 엄연히 다른 일이었다. 그는 체계화된 시스템과 전문 인력의 필요성을 절감하고, 음식점 운영을 접은 뒤 경험을 쌓기 위해 프랜차이즈 본사에 취직했다.

그리고 1년 뒤인 2006년에 다시 홍대로 돌아왔다. 이번에는 다른 전략으로 접근했다. 번화가가 아닌 홍대 후문 쪽 주택가 골목에 점포를 마련한 것이다. 이면도로에서 성공하면 전국 어디에서건 가능하다고 판단했기 때문이다. 튀겨내야 제 맛인 치킨의 특성을 강조해 '더후라이팬'이라는 간판을 내걸었다. 인테리어는 젊은 여성들의 취향에 맞춰 카페처럼 깔끔하고 아늑하게 꾸몄다. 치킨은 조리 즉시 먹어야 만족도가 높은 음식임을 감안해서 배달은 과감히 포기하고 홀 매출에 집중했다.

이 사장은 치킨호프전문점의 가장 큰 문제가 손님들이 맥주 한잔만 시켜놓고 장시간 자리를 차지하는 것을 꼽았다. 이런 손님들이 많으면 자연히 매출도 떨어진다. 따라서 회전율을 높여야 하는데, 그는 맛있는 치킨과 여성 고객의 조합이라면 문제가 자연스럽게 해결된다고 설명한다. 더후라이팬의 경우 치킨을 먹으러 오는 사람들이 대부분이다. 배달을 하지 않고 매장에서 바로 조리된 치킨을 먹을 수 있기 때문에 맛에 대한 만족도가 높다. 일반적인 치킨호프전문점의 경우 맥주와 치킨의 판매 비율이 7 대 3 정도인데, 더후라이팬의 경우에는 그 반대여서 맥주보다는 치킨의 판매 비율이 월등히 높다. 한 가맹점의 경우 오후 5시부터 밤 12시까지 11번 회전한 곳도 있다. 또한 배달을 하지 않으니 인건비도 크게 줄었다.

지난해 30억 원의 매출을 기록했다는 이 사장은 지금부터가 시작이라고 각오를 다졌다. 목표는 단순히 음식을 판매하는 것에 그치지 않는다고 한다. 스타벅스처럼 하나의 문화를 만들어나가는 외식 기업으로 도약하고 싶다는 것이 그의 포부다. 나아가 외식 관련 대학을 설립

시선을 사로잡는 독특한 외관의 더후라이팬 매장

하고 전문 교육을 실시해서 현재 22퍼센트에 불과한 자영업 생존율도 높이고 싶다고 말한다.

'본죽'으로 유명한 본아이에프 역시 사업의 시발점이 여성 고객이라고 해도 과언이 아니다. 김철호 사장은 "재래시장의 허름한 점포에서나 맛볼 수 있는 죽", "환자나 노인들이나 먹는 죽"을 건강식과 영양식으로 가치를 높여 부담 없이 깔끔하게 먹을 수 있는 한 끼 식사로 업그레이드시켰다. 그리고 젊음의 거리 대학로에서 여성 고객을 타깃으로 영업을 시작했다. 인테리어도 확 바꿨다. 인수한 설렁탕집을 카페처럼 고급스럽고 아늑하게 꾸민 뒤, 외부에서도 안이 쉽게 보일 수 있도록 막혀 있던 창문을 통유리로 교체한 것이다.

손님, 그중에서도 여성들의 열광적인 반응 덕에 하루 10~20그릇에 불과했던 죽 판매량은 두 달 만에 100그릇을 훌쩍 넘어섰고, 점심 무렵에는 줄을 서는 진풍경까지 펼쳐졌다. 지금도 본죽은 주 고객인 여성을 대상으로 다양한 이벤트를 펼치고 있다. 지난해에는 여성들에게 큰 인기를 끌었던 드라마 〈꽃보다 남자〉에서 여주인공 금잔디의 일터로 등장하는 바람에, 각 매장마다 10~30대 여성 고객들의 방문이 크게 늘면서 마케팅 효과를 톡톡히 보기도 했다.

신메뉴 역시 여성 고객을 먼저 배려하고 있다. 최근 출시된 꽃남치즈죽, 게살치즈죽, 송이죽 등은 여성 고객에게 좋은 반응을 얻고 있다. 세컨드브랜드인 본비빔밥을 비롯해 본국수대청, 본우리덮밥 등 다른 브랜드 역시 매장을 살펴보면 여성 고객의 비율이 월등히 높은 것을 알 수 있다.

레스펍 치어스 정한 사장도 여성 고객을 집중적으로 공략했다. 사실 처음부터 여성 고객을 타깃으로 한 것은 아니었다. 단지 일반적인 생맥주전문점과 달라야 성공을 거둘 수 있다는 생각으로 다른 곳에서는 볼 수 없는 고급스러운 매장 인테리어와 고객 만족 서비스로 접근했다. 그러나 결과는 참패였다. 고급스러운 인테리어가 비싼 곳이라는 선입견을 불러와 손님들이 발걸음조차 하지 않았다.

불특정 다수를 고객으로 택한 것도 손님이 없었던 원인이었다. 그는 목표 고객 재설정에 들어갔다. 주변의 맥주전문점을 살펴보니 아이들을 학원에 보낸 후 저녁 시간 전까지 시간을 보내는 주부들이 많았다. 까다로운 주부들을 공략해야 한다고 생각한 그는 이들의 이용률이 높은 목욕탕, 미용실, 마사지숍 등을 방문했고, 그곳에서 근무

여성 고객을 사로잡은 다양한 죽

본죽, 본국수대청 매장

여성 고객을 타깃으로 삼은 본죽

하는 사람들을 가게로 초청해서 맥주와 다양한 요리를 무료로 제공했다. 이들이 입소문을 내면서 주부들의 방문이 부쩍 늘어나기 시작했다.

낮 시간의 방문은 가족과 함께하는 저녁 시간 방문으로 이어졌다. 주부를 중심으로 한 가족 단위의 충성 고객이 만들어진 셈이다. 파리 날리던 점포는 불과 3개월 만에 문전성시를 이루기 시작했고, 다양한 연령층의 고객이 찾는 지역 명소로 자리 잡으면서 월매출은 4,500만 원을 훌쩍 넘어섰다. 충성 고객이 늘어나면서 가맹 사업도 자연스럽게 진행됐다.

가정에서도, 사회에서도 여성의 역할과 비중이 점차 높아지고 있다. 예비 창업자와 가맹 사업자는 실질적인 결정권자인 여성의 편에 서서 이들의 목소리에 귀 기울이고 니즈를 정확하게 파악할 필요가 있다. 이제는 남존여비가 아니라 여존남비를 외치지 않으면 안 된다. 여성의 눈밖에 났다간 생존을 장담할 수 없는 상황이 찾아올 수도 있음을 명심하자.

3

즐거움이 있는 곳에 손님이 찾아오고, 정이 있는 곳에 손님이 머문다

여자들이 남자 친구와 데이트할 때 듣기 싫어하는 이야기가 군대와 축구 이야기라고 한다. 그러나 그보다 더 듣기 싫은 이야기가 있는데, 바로 군대 가서 축구한 이야기란다. 잘 모르는 분야인 데다 사실인지 아닌지 확인할 길도 없고, 무엇보다 재미라고는 눈곱만큼도 없는데 상대방의 입에서는 끊임없이 이야기가 쏟아져 나오니 싫어할 수밖에. 그런데도 여자 친구에게 눈치 없이 군대 축구 이야기를 늘어놓다가는 어느 날 갑자기 퇴짜를 맞을지도 모른다.

현대 사회가 갈수록 복잡해지고 골치 아픈 일이 증가하면서 즐거움에 대한 사람들의 욕구는 점차 커지고 있다. 최근 유행하고 있는 3D 영화 열풍도 같은 맥락에서 해석할 수 있다. 제임스 카메론 감독의 〈아바타〉 이후로 극장가에서 대세를 이루고 있는 3D 영화는 2D에 비

유가네닭갈비 매장

보는 즐거움 – 천장을 닭갈비 형상으로 만들어 재미를 주었다.

유가네닭갈비 메뉴

먹는 즐거움 – 닭갈비 속에 치즈를
넣어 먹으면 즐거움도 더하다.

유가네닭갈비 새 메뉴

읽는 즐거움 – 메뉴 제목에도 재미를 더했다.

해 입장료가 1.5~2배 비싸지만, 실감나는 화면 덕에 관람객들이 너
나할 것 없이 주머니를 열고 있는 상황이다. 지금까지와는 색다른 재
미와 즐거움이 있어서 비싼 가격에도 사람들은 아낌없는 찬사를 보
낸다.

　이러한 분위기는 창업 시장도 예외가 아니다. 지루하고 뻔한 곳보
다는 즐겁고 재미있는 곳으로 손님들이 몰리고 있는 것이다. 이제 어

떤 분야이건 재미가 없고 물에 물 탄 듯, 술에 술 탄 듯 변화가 없는 곳은 금세 외면당할 가능성이 높다. 기적의 주인공들 중에는 일찌감치 이러한 소비자들의 성향을 간파하고 다양한 즐거움을 선사해서 성공을 거둔 사람들이 있다.

유가네닭갈비 권순용 사장은 닭갈비를 볶아주는 서비스를 실시했는데, 그 광경이 손님들에게 재미를 선사하면서 단골 고객을 만드는 데 큰 역할을 했다고 말한다. 볶아주는 서비스를 다른 곳과 차별화해서 주걱 두 개로 화려한 쇼타임을 펼친 것이다. 닭갈비를 볶는 데 걸리는 시간은 5분 남짓으로 짧지만, 손님도 종업원도 다소 어색한 시간이다. 그는 조리 도구를 이용해 화려한 퍼포먼스를 보여주어 눈과 귀가 즐거운 시간으로 바꿨고, 그 덕에 손님들의 만족도 역시 높아졌다. 또한 즐겁게 식사할 수 있으니 매출도 덩달아 높아졌다.

버들골이야기 문준용 사장은 "술집이란 자고로 즐겁게 취할 수 있는 곳이어야 한다"고 강조한다. 그의 점포를 방문해보면 무슨 말인지 잘 알 수 있다. 복고풍 인테리어는 편안함을 추구하고 있고, 음식도 안주 이상의 수준을 자랑한다. 포장마차라고 우습게 보면 안 된다. 버들골이야기에서 내세우는 가장 큰 재미는 눈과 입으로 동시에 즐기는 요리다. 우선 매장마다 수족관을 설치하고 싱싱한 해산물을 즉석에서 요리해서 신선도를 높였고, 독특한 데코레이션으로 다른 곳과 차별화를 시도하고 있다.

문 사장이 추구하는 콘셉트는 친환경, 자연주의다. 이를 위해 그는 일주일에 한 번씩 양재동 꽃상가에 들른다. 풀, 꽃, 돌 등을 활용해 요

냄비 뚜껑을 메뉴판으로 활용했다.

뒷골목 전봇대를 매장 안으로 들여서
추억을 불러일으킨다.

소라, 조개껍질을 활용하여 재미를
더했다.

리의 품격을 높이고, 보는 즐거움까지
선사하기 위해서다. 음식을 담아내는
그릇 역시 꼭 정형화된 형태일 필요는
없다고 생각한다. 버들골이야기에서
간혹 예쁘고 독특한 화분에 음식이 담
겨져 나올 때면 손님들, 특히 여성들의
반응이 가히 폭발적이라고 한다. 그의
독특한 아이디어를 벤치마킹하러 들르
는 사람들도 있을 정도다.

다양한 먹을거리, 볼거리, 놀이가 있
는 곳이라면 세계맥주전문점 '와바'도
빼놓을 수 없다. 와바 매장에 들어서면
한여름에도 눈이 내리는 스노우 바, 시
원한 얼음이 가득 차 있는 아이스 바,
재미있는 게임을 할 수 있는 카지노 바
가 한눈에 들어온다. 이효복 사장은 기
존 호프집과의 차별화를 위해 화려한
인테리어, 새롭고 다양한 콘셉트로 소
비자들의 폭발적인 반응을 이끌어냈
다. 오랫동안 인테리어 사업에 몸담아
서 고객의 구매 심리를 잘 읽어낼 수
있었기 때문이다.

올해 초 인도네시아 자카르타에서 문을 연 와바 매장은 기존 점포에서 한 단계 업그레이드된 형태다. 달라진 점이라면 클럽과 같은 분위기에 공연까지 할 수 있게 한 것이다. 전에 없던 새로운 형태의 맥주전문점의 등장에 현지인들의 반응은 놀라움 그 자체였다고 한다. 이 사장은 이를 바탕으로 본격적인 해외 시장 공략 및 글로벌 브랜드 전략을 추진하고 있다.

이렇듯 손님을 끌어들이는 가장 효과적인 요소가 즐거움과 재미라면, 꾸준하고 지속적인 방문을 이끌어내는 것은 정이다.

행촌소바 주웅택 사장은 최근 서울 도봉구 쌍문동에 세컨드브랜드인 메밀순두부전문점 '소담'을 개점했다. 점포가 주택가 이면도로에 위치하다 보니 주변에는 대부분 배달업종이 자리를 차지하고 있다. 그러나 그는 과감히 배달을 포기했다. 주 메뉴인 메밀국수와 순두부, 보쌈의 특성상 조리 즉시 홀에서 먹어야 최상의 맛을 즐길 수 있기 때문이다. 처음에는 왜 배달을 하지 않느냐고 항의도 많이 받았단다. 배달을 하지 않는 대신 방문 손님에게 최선을 다했다. 반찬을 비롯한 모든 음식은 그날 만들어 신선함을 유지했고, 예약 손님의 경우 보쌈고기를 두 시간 전부터 삶기 시작해서 가장 맛있는 상태로 내놓았다. 추가 주문을 하는 공기밥과 보쌈김치는 돈을 받지 않고, 더 먹고 싶은 반찬은 얼마든지 리필할 수 있게 했다.

이러한 정감 있는 서비스가 까다로운 여성 고객의 마음을 사로잡으면서 66㎡ 규모 메밀순두부전문점 소담은 하루 평균 100만 원 내외의 괜찮은 성적을 기록하고 있다. 주 사장은 "다른 브랜드의 경우 밥이든

행촌소바 메뉴

행촌소바 세컨드브랜드 소담

김치든 추가 주문의 경우 대부분 돈을 받지만, 그건 아니라는 생각이다. 우리 민족은 하나를 주면 정 없다며 하나를 더 얹어주는 정 깊은 민족이 아니던가. 또 '가는 정이 있으면 오는 정도 있다'는 말처럼 결국 진심은 통할 것"이라는 신념을 밝혔다.

우리나라의 외식 문화와 외국의 외식 문화, 그중에서도 일본과의 가장 큰 차이는 인심에 있다고 해도 틀린 말이 아니다. 일본 음식점의 경우 김치나 단무지를 하나라도 추가 주문하면 별도의 요금을 지불해야 한다. 반면 우리나라 음식점에서 반찬을 더 달라고 하면 아주 특별한 곳을 제외하고 돈을 추가로 받는 곳은 없다. 외국인들이 우리의 푸짐한 상차림에 열광하는 이유이기도 하다. 먹는 즐거움과 보는 재미, 여기에 푸짐한 인심까지 더한다면 오지 말라고 해도 손님들이 스스로 찾아오는 곳이 된다.

4

호랑이를 잡으려면
호랑이 굴로 들어가라

　필자는 지금껏 현장에서 많은 창업자들을 만나왔고, 지금도 다양한 사람들을 만나고 있다. 그중에는 성공한 창업자도 있고 실패를 경험한 창업자도 있으며 프랜차이즈 CEO가 있는가 하면 가맹점주도 있고 독립 점포 운영자도 있다. 그리고 그들을 만나면서 자연스럽게 창업 공부를 하고 있는 중이다. 물론 간접 경험이지만 말이다. 그런데 간접 경험에는 한계가 있게 마련이다. 내가 직접 겪어보지 않았으니 짐작만 할 뿐이지, 정신이 번쩍 들 정도로 모든 내용이 머리에 쏙쏙 들어오지는 않는다. '나중에 내가 창업하면 이들의 장점은 적용하고 단점은 빼버려야지'라고 마음을 먹지만, 실제로 창업하게 된다면 얼마나 활용할 수 있을까? 안경을 머리에 올려놓고 안경이 없어졌다며 '안경 찾아 3만 리'를 주중 행사처럼 벌이고 있으면서 창업 고수들의 비결을 과연 제대로 기억이나 할 수 있을지 의문이다.

이렇듯 타인의 경험을 통하거나 책이나 신문 등 자료를 통해 접하는 데는 한계가 있다. 될지 안 될지, 성공할지 실패할지 알 수 있는 가장 좋은 방법은 직접 경험해보는 것이다. 직접 경험이 아니고서는 제대로 알 수 없고 정확하지 않을 수 있는 것이 창업이기 때문이다.

최근 체험 창업이 늘고 있는 것도 같은 맥락으로 볼 수 있다. 체험 창업이란 창업 전에 매장에서 직접 손님을 응대하고 주방과 홀 등을 미리 경험할 수 있도록 하는 제도다. 짧은 시간이지만 초보 창업자에게 많은 도움이 된다고 말한다. 또는 관련 업종에서 근무해보는 것도 좋은 방법이 될 것이다.

더후라이팬 이정규 사장은 체계화된 시스템과 전문 인력의 필요성을 절감하고는 음식점 운영을 접었다. 가장 빨리 배울 수 있는 길은

더후라이팬 홈페이지

더후라이팬 본사

몸으로 배우는 것이었다. 그래서 당시 승승장구하던 고기 프랜차이즈 본사에 원서를 냈다. 대학 시절 국내 대표 프랜차이즈 본사의 대학생 논문 공모 수상 경력이 도움이 됐다. 그렇게 호랑이를 잡으러 호랑이 굴로 들어간 그는 1년간 착실히 경험을 쌓았다. 사직서를 내고 다시 홍대 앞으로 돌아왔지만, 개업과 동시에 성공을 거둔 것은 아니었다. 역시 1년이라는 시간이 흘러서야 12평 치킨호프전문점의 하루 매출이 100만 원을 훌쩍 넘기며 안정적인 운영에 접어들었다. 그제야 사업성을 검증했다고 판단한 이 사장은 H&P SYSTEMS라는 법인을 설립했다. 회사명은 Happiness & People SYSTEMS(행복과 사람들)의 약자로, 내부 고객(직원)뿐만 아니라 가맹점주와 매장을 방문하는 고객에 이르기까지 회사와 관계를 맺는 모두가 행복을 누리기를 바라는 뜻에서 직원들과 함께 고심하여 지은 이름이라고 한다.

직영점 두 곳이 성공을 거두면서 가맹 사업은 자연스럽게 진행됐다. 별다른 홍보가 없었지만 단골과 기존 창업자를 통해 가맹점수는 3년 만에 130개를 넘어섰다. 그는 프랜차이즈 본사에서 경험을 통해 단점이라고 생각되는 부분은 과감히 없애는 결단력을 보였다. 개업 이벤트나 사은품 증정 등의 행사를 없애버린 것이다. 고객에게 계속 줄 수 없는 것은 아예 처음부터 주지 않겠다는 것이 그의 신조다. 불필요한 비용을 줄이니 가맹점에서도 만족도가 높은 편이라고 한다. 2007년에 대학 동아리 후배 4명을 모아 시작한 사업이 2008년에는 직원 수 16명으로, 연매출은 7천만 원에서 43배인 30억 원으로 크게 늘어났다. 이렇듯 짧은 시간 안에 빠른 성장을 할 수 있었던 것은 1년 남짓한 프랜차이즈 본사에서의 경험이 탄탄한 디딤돌이 된 것 같다는 설명이다.

아이스크림카페 카페띠아모 김성동 사장도 아이스크림업계에서 잔뼈가 굵은 경영자다. 1994년에 아이스크림 프랜차이즈 회사에 입사했으니 업계 경력 17년차인 셈이다. 영업으로 따지자면 경력은 이보다 훨씬 길어진다. 1987년 패스트푸드점에서 아르바이트를 시작해 세차장, 우유 배달, 차량용 안마기, 가정용 반주기 등 안 해본 영업이 없을 정도였다. 대학 시절에 생계를 위해 시작한 아르바이트였지만 돈도 제법 벌었다고 한다. 하도 영업을 했더니 나중에는 영업에 '영' 자도 듣기 싫었다. 그래서 직장을 구할 때는 무조건 영업부만 아니면 된다고 생각했단다. 그러던 중 모 베이커리 회사의 기획부서에 합격했다. 그런데 우연인지 필연인지 몇 달 만에 영업부로 다시 발령이 났다. 청천벽력 같은 통보였지만 그는 운명을 받아들였다. 다양한 경력 덕분인지 그는 10년차 선배와 동일한 계약률을 달성할 정도로 좋은 성과를 거뒀다.

업계에 소문이 나면서 1994년에는 한 아이스크림 프랜차이즈 본사의 스카우트 제의로 회사를 옮겼다. 월급 150만 원에 차량과 모든 경비까지 지원 받는 꽤 괜찮은 조건이었다. 새로운 분야에서 5년 동안 신나게 일했다. 당시 아이스크림전문점은 대부분 테이크아웃 위주의 판매 형태였다. 그러다 보니 여름철 장사는 잘되는데 겨울철에는 십중팔구 어려움을 겪는 문제가 있었다. 외환위기로 회사 주인이 바뀌면서 다른 곳을 기웃거리다가 2004년에 다시 아이스크림 시장으로 돌아왔다. 이번에는 지금까지의 경력을 살려 비수기의 단점을 보완할 제대로 된 아이스크림전문점 만들기에 나섰다. 그가 경기도 성남시 분당구 주택가 골목에 개설한 작은 카페 형태의 젤라또 아이스크림전문점은 대박을 터뜨렸다. 점포의 규모는 작았지만 아이스크림 외에도

66 영업의 '영' 자도 듣기 싫었지만, 기껏 들어간 회사에서 갑자기 영업부로 발령이 났다. 청천벽력이었지만 운명을 받아들였다. 99

카페띠아모 김성동 사장

김성동 사장은 아이스크림 전문가로 돌아와 성공을 거뒀다.

커피, 샌드위치 등 메뉴를 다양화하자 사람들이 줄을 서기 시작한 것이다. 하루 매출 50~60만 원을 기록하면서 점포 개설 문의가 이어졌다. 입소문만으로 12개 점포가 추가로 생겨났다. 2005년 4월에는 서울 구로구 구로동에 카페형 아이스크림전문점 '카페띠아모' 1호점을 열었다. 일반적으로 아이스크림전문점의 주 고객은 10~20대 학생과 여성이 대부분이지만 커피와 간식류 등 다양한 메뉴를 갖추면서 폭넓은 고객층을 확보할 수 있었다. 아이들을 학교에 보내고 집안일을 마무리한 뒤 찾아오는 주부들, 점심식사를 끝낸 뒤 디저트를 즐기기 위해 찾는 직장인들, 간식을 먹으며 수다를 떨기 위해 찾는 학생들, 모두가 아이스크림 카페에서 어우러지는 고객이 되도록 한 것이다.

김성동 사장은 아이스크림전문점의 주 고객은 10대 청소년이 아니라고 말한다. 청소년을 주 타깃으로 해서는 매출이 한계에 부딪힐 수밖에 없다는 뜻이다. 안정적인 수익을 창출하기 위해서는 30~40대 중장년층을 타깃으로 삼아야 한다. 그래서 그는 아이들 취향의 화려한 인테리어를 과감히 버렸다. 그리고 성인 고객의 취향에 맞게 분위기 있는 인테리어를 선택하고 고객의 편의를 위해 개방형 커피전문점처럼 편안한 휴식공간을 마련했다.

다양한 메뉴로 폭넓은 고객과 비수기 매출까지 잡으면서 그는 5년 만에 국내에 230여 개 점포를 개설하는 기염을 토했다. 한 해에 50개에 가까운 점포를 오픈한 셈인데 선두 브랜드가 연평균 30여 개의 매장을 오픈한 것에 비하면 성장 속도가 훨씬 빠르다고 할 수 있다. 해외에서도 러브콜이 이어졌다. 일본과 몽골 등에 4개의 가맹점이 문을 열었고, 지난 6월에는 중국 소주 내 20개 대학이 밀집해 있는 대학로에 132.2㎡ 규모의 직영점을 오픈했다. 미국과 필리핀, 중국 등에도 10여 개의 점포가 문을 열 예정이다.

현재 카페띠아모는 99㎡ 이상 규모의 점포에 한해 매달 5개 이내로 매장을 개설하고 있다. 아이스크림 카페는 규모가 작으면 수익이 한계에 부딪힐 수밖에 없기 때문이다. 초기 투자 비용이 부담스럽더라도 규모가 33㎡ 늘어나면 매출이 2~4배 정도 증가하므로 중대형 규모로 창업을 하는 편이 유리하다는 말이다. 소자본 창업자를 위해 그는 회사와 창업자가 함께 투자하는 공동 창업도 실시하고 있다.

가맹점수가 350개가 넘으면 커피 카페와 정면 대결할 수 있는 제대로 된 아이스크림 카페 타운을 만들어볼 계획이다. 그런 뒤에는 젤

카페띠아모 점포

라또 아이스크림의 본고장인 이탈리아로 진출하여 아이스크림업계에 한류 열풍을 일으켜볼 심산이다.

　다소 생뚱맞은 얘기일 수도 있지만 사람도 겪어봐야 안다. 호랑이를 잡으려면 호랑이 굴에 직접 들어가야 하듯, 사람도 직접 경험하지 않고서는 진짜 모습을 알 수 없다는 얘기다. 성공한 CEO와 인터뷰를 진행하던 어느 날, 독립 점포를 운영하면서 경쟁력을 확보하고 프랜차이즈 CEO로 거듭난 사람을 알게 되었다(이 책에 소개하지는 않았다). 점포수는 많지 않았지만 남다른 서비스 경쟁력으로 점포마다 상당한 매출을 기록하고 있었다. 필자는 무엇보다 A의 서비스 경쟁력에 눈과 귀가 쏠렸다. 그가 말하는 직원 관리도 다른 곳과 사뭇 달랐다. A의 점포에는 유독 사회에서 실패를 경험한 사람들이 많이 찾고 있었는데, "장사의 달인인 그에게 한 수 배운 후 독립해서 성공가도를 달리고 있는 직원도 상당수"라는 소문도 들렸다.

　인터뷰가 끝날 무렵 조심스레 외식업에 종사하고 있는 동생의 스승이 돼주십사 부탁했다. 그는 오는 사람 막지 않고 가는 사람도 막지 않는다고 했다. 그로부터 한 달이 지나 만남의 자리를 가졌다. A는 동생의 이야기에 귀를 기울이더니 "지금까지 장사꾼만 만났다. 내가 너의 진정한 스승이 되겠다"고 선언했다. 왜 이제야 이런 사람을 만나게 됐을까 안타까운 마음마저 들었다. 이전 직장에서 월급을 더 주겠다며 붙잡았지만, 동생은 미래를 위해 과감히 거절하고 퇴사했다.

　동생은 A의 점포에서 의욕적으로 일을 시작했다. 그런데 1년이 다 되어갈 무렵, 동생에게서 전화가 왔다. 기대했던 것과 많이 다르다는 것이다. 제대로 된 가르침을 보여주겠다던 A는 점포 운영을 점장에게 맡겨놓고 한 달에 몇 차례만 매장에 얼굴을 내밀고 있었다. 그러다 보니 점장은 사장인 A에게 잘 보일 생각에 직원들을 마음대로 부렸고, 제대로 된 식사는커녕 휴식 시간이나 휴일도 챙겨주지 않았다. 해당 점포는 매출이 타 점포에 비해 높은데도 수익을 높이기 위해 성과급은커녕 직원 급여까지 동결하고 있었다. 동생이 불만을 제기하자 점장은 오히려 다른 직원에 비해 급여가 많다며 임의로 깎아버렸다. 그 후 관계가 불편해지자 점장은 동생을 비롯한 직원 몇 명을 블랙리스트에 올리고 타 점포로 발령을 냈다. 옮기기 전까지 근무 시간도 수시로 바꾸는 등 자발적인 퇴사를 유도하기까지 했다. 결국 동생은 1년을 채우지 못하고 음식점을 그만뒀다.

이 일련의 과정을 A가 과연 모르고 있었을까? 직원들의 일거수일투족에 관심을 두고 있다는 그가 모르고 있었을 리는 없다. 그렇다면 진정한 스승이 되어주겠다던 그 역시 장사꾼에 불과했던 것일까? 씁쓸한 마음마저 들었다.

외식업에서 직원의 역할은 중요하다. 손님과 마주하므로 직원이 점포의 또 다른 주인이라고 해도 과언이 아니다. 그래서 진정한 장사의 선수들은 직원을 가족과 같이 대한다. 하나를 챙겨주면 둘 이상이 되어 돌아온다는 것을 알기 때문이다. 내가 A에게 배신감을 느낀 것은 그의 성공과 남다른 서비스 전략 뒤에는 직원들의 희생과 억울함이 숨어 있음을 뒤늦게 알았기 때문이다. 그것도 모르고 A의 칭찬을 여기저기 소문까지 낸 나 자신이 너무 부끄럽고 한심하게 느껴졌다. 호

랑이를 잡으려면 호랑이 굴로 들어가야 하고, 사람은 직접 겪어봐야
안다는 말을 제대로 느끼게 해준 값진 경험이었다.

5

주인이 주방을 모르면
실패 확률이 높다

대로변 1층에 자리 잡고, 시선을 사로잡는 커다란 간판, 깔끔한 인테리어를 갖추었으며, 실력 있는 주방장이 만들어내는 최고의 음식과 서비스를 선보이는 한정식집이 있다. 이곳은 과연 장사가 잘되는 음식점일까? 뭐 하나 빠질 것 없는 조건을 갖춘 곳이지만 아쉽게도 정답은 '아니오'다. 인천 송도에 고급 한정식전문점을 창업한 이정섭 씨는 창업 11개월 만에 장사가 안 되자 문을 닫고 말았다. 이 한정식전문점에는 과연 무슨 일이 있었던 것일까?

초보 창업자 이씨는 차를 몰고 가다가 우연히 발견한 음식점에 마음을 빼앗겨 앞뒤 잴 것 없이 점포를 계약해버렸다. 아이템은 평소 자신이 좋아하는 한정식을 택했다. 주변을 조사해보니 각종 음식점이 즐비했지만, 마침 한정식집은 보이지 않았다. 일류 호텔 출신 주방장을 섭외한 그는 성공은 따놓은 당상이라고 생각했다.

그런데 의외의 곳에서 문제가 발생했다. 성공의 주된 요인이 될 것이라 생각했던 주방장이 오히려 걸림돌이 된 것이다. 호텔 출신의 주방장은 자존심이 강해서 주방에 사람을 함부로 들이지 않았다. 사장인 이씨도 주방 출입 횟수가 손에 꼽힐 정도였다. 주방이 통제되지 않으니 이씨는 반쪽짜리 주인일 수밖에 없었다. 답답한 마음에 주방장을 그만두게 했다. 그랬더니 다른 종업원들을 데리고 나가버렸다. 다른 주방장을 채용했지만 상황은 다르지 않았다. 답답한 마음에 주방장이 데려온 사람들과는 별도로 종업원을 채용했다. 그랬더니 더 난장판이 됐다. 파벌이 조성되면서 수시로 다툼이 일어난 것이다.

이런 식으로 주방장을 비롯해 종업원이 4번이나 바뀌었다. 음식을 만드는 사람들이 자주 바뀌다 보니 음식 맛이 수시로 달라졌고, 손님의 불만이 이어지면서 매출이 급격히 떨어지기 시작했다. 결국 한정식집은 문을 닫고 말았다.

음식점에서 주방의 역할은 아주 중요하다. 인체로 따지자면 심장과도 같다. 심장이 열심히 뛰어줘야만 다른 장기며 조직이 제대로 돌아갈 수 있다. 반대의 경우라면 결과는 보지 않아도 뻔하다. 심장이 멎으면 생명이 끝날 수밖에 없다. 이런 사실을 알고도 가장 중요한 장기인 심장을 다른 사람의 손에 맡긴 채 생명이 언제까지 지속될 것인지 불안하게 지켜만 보고 있을 것인가? 기적의 주인공들 역시 반드시 주방을 장악해야 한다고 강조한다. 물론 경험에서 나온 얘기다.

창업 시장에서 성공을 거둔 프랜차이즈 사장이라고 하면 대개 넓은

버들골이야기 문준용 사장

문준용 사장은 지금도 이태원 본점을
지키고 있다.

사무실에서 서류를 뒤적이는 모습을 떠올리게 마련이지만, 버들골이야기 문준용 사장은 예외라고 할 수 있다. 그는 이태원 직영점에서 여전히 양파를 다듬고 칼질을 하며 손님과 예비 창업자를 만나고 있다. 필자와 인터뷰하던 날도 인터뷰가 끝나자마자 장화로 갈아 신고 주방으로 들어가더니 영업 준비에 여념이 없었다. 지금까지 수많은 프랜차이즈 CEO를 만났지만, 사장이 여전히 점포를 지키며 일하는 광경은 처음이었다. 신선한 충격이었다. 문 사장은 "포장마차 주인으로서 본분을 지키고 있을 뿐, 특별한 것이 아니다"라며 사람 좋은 미소를 지어 보였다. 창업 시장에 발을 담근 지 11년이 넘었지만 처음과 다르지 않은 그의 태도는 50㎡ 점포를 일주일에 평균 1,000여 명의 손님이 다녀가는 이태원의 명소로 바꿔놓았다.

물론 이렇게 자리를 잡기까지는 다양한 노력이 뒤따랐다. 그중에서도 가장 많은 노력을 기울인 것은 직접 제대로 된 맛을 만들어내는 일이었다. 이를 위해 손님들의 조언에 귀를 기울이고, 맛있는 집을 찾아다니며 음식을 먹어보았으며, 요리책을 뒤져 수많은 레시피를 참고했다. 그 후 음식이 제 맛을 찾으면서 점포를 찾는 손님이 하나둘 늘어나기 시작했다.

지금도 그가 직영점에 상주하고 있는 것도 맛을 지키고 초심을 잃지 않기 위해서라고 한다. 가맹점에도 똑같은 원칙을 적용한다. 버들골이야기는 창업자가 조리 교육을 반드시 이수해야만 가맹점을 개설할 수 있다. 교육 기간도 한 달 정도로, 다른 곳에 비해 긴 편이다. 문사장은 "운영자가 주방을 제대로 파악하고 있어야만 실패 확률을 조금이라도 줄일 수 있기 때문"이라고 이유를 밝혔다.

행촌소바 주웅택 사장 역시 주방의 중요성을 강조한다. 그는 "외식 사업이 성공하려면 무엇보다 맛에 깊이가 있어야 하고 다음으로 그 맛을 꾸준히 지켜나가려는 노력이 필요하다"고 잘라 말한다. 무엇보다 제대로 된 맛을 내는 것이 중요하다고 판단했기 때문에, 육수와

버들골이야기 이태원 본점

소스의 노하우를 모두 전수해주는 독립 가맹점 형태로 사업을 진행하고 있다. 행촌 역시 예비 창업자가 반드시 음식 만드는 법을 배워야 출점이 가능하다. 운영자가 주방을 제대로 알고 있어야 직원 관리가 제대로 이뤄지기 때문이다. 일정한 맛을 쉽게 낼 수 있도록 소스와 장류를 포함한 모든 메뉴의 조리법은 정확한 수치로 매뉴얼화했다. 메밀 등 쓰이는 모든 면은 일반 면이 아니라 별도의 주문 공정에 따라 만들어진 특수한 면만을 사용하도록 하기 때문에 자신이 직접 공급한다.

행촌소바 성북점

대부분의 메밀전문점들은 원액을 물에 희석시켜 사용하지만, 그는 모든 매장에서 육수를 매일 직접 우려내도록 하고 있다. 육수를 희석하게 되면 고유의 깊은 맛과

행촌소바 주웅택 사장

주웅택 사장은 깊이 있는 맛을 전수하기 위해 세미 프랜차이즈를 선택했다.

향이 사라져서 제대로 된 메밀국수 맛을 낼 수 없기 때문이다. 육수를 내기 위해서는 가쓰오부시, 멸치, 다시마, 감초, 계피, 생강 등 수십 가지의 식자재를 사용한다. 100인분의 메밀 육수를 만드는 데 멸치만 4킬로그램이 들어간단다. 더욱 시원한 맛을 살리기 위해 테이블에는 살짝 얼린 슬러시 형태로 나간다.

주 사장은 "음식은 공산품처럼 반품 가능한 것이 아닌 데다 맛을 보고 고객이 만족하지 못하면 다시는 찾지 않기 때문에 신중을 기해서 내놓아야 한다. 장수하는 음식점을 만들고 싶다면 유행을 좇기보다는 판매하는 모든 메뉴가 맛있는 음식점을 만들고, 그 맛을 꾸준히 지켜나가려는 노력이 무엇보다 중요하다"고 강조한다.

6

언제, 어디서든 똑같은 맛과 서비스

충남 아산시에서 천연화장품전문점을 운영하던 강현주 씨는 깔끔하고 예쁜 매장에서 혼자서도 운영할 수 있는 아이템을 찾다가 천연화장품을 택했다고 말했다. 2004년 당시 한창 붐을 타고 있던 '웰빙 트렌드'와도 부합했고, 주변에는 아직 단독 매장이 들어서지 않은 상태였다. 지금까지와는 다른 새로운 화장품 가게의 등장에 손님들의 반응은 호의적이었다. 창업 후 한 달 순수익이 300만 원 정도로 나쁘지 않았다. 그런데 문제는 본사에서 불거졌다. 판매점의 생명은 제품의 원활한 공급인데, 본사에서 충분한 양의 제품을 보유하고 있지 않아서 손님에게 제품을 팔지 못하는 상황이 벌어졌기 때문이다. '손님이 원하는 물건이 왜 없느냐', '가격은 왜 이렇게 비싸냐', '천연화장품이 맞긴 하냐' 등 다양한 불만이 터져 나왔고 소문까지 나쁘게 퍼지면서 매출이 급격히 떨어지기 시작했다. 운영에 어려움을 겪으면서 강씨는 결국 천연화장품전문점을 포기하고 다른 아이템으로 업종을 전환해야 했다.

프랜차이즈란 특정한 상품이나 서비스를 제공하는 사업자 또는 본부가 일정한 자격을 갖춘 사람에게 자기 상품에 대하여 일정 지역에서의 영업권을 주어 시장 개척을 꾀하는 방식을 말한다. 높은 브랜드 인지도, 운영의 편의성 등의 장점 덕에 프랜차이즈에 대한 예비 창업자들의 관심은 점차 높아지고 있다.

이러한 프랜차이즈 시스템에서 가장 중요한 것은 소비자들이 언제, 어디서든 똑같은 서비스를 누릴 수 있도록 본사의 지원이 지속되어야 한다는 것이다. 그런데 그렇지 못한 경우도 있다. 본사 규모가 영세해서 물류 공급에 어려움을 겪거나 제품의 상당 부분을 수입에 의존하는 경우, 외부 악재가 등장했을 때 별다른 조치를 취하지 못하는 경우도 있다. 프랜차이즈 간판을 달고 있는 것이 민망한 상황이다.

기적을 이뤄낸 주인공들은 제대로 된 프랜차이즈에 관해 할 말이 많다고 말한다. 이들은 가맹점수를 늘리기보다는 본사와 가맹점이 함께 장수할 수 있는 방법을 찾는 데 골몰한다.

(주)김가네 김용만 회장은 가맹 1호점을 개설한 직후 예비 창업자들의 가맹점 개설 문의가 폭주하자 서울 동대문구 용두동에 33㎡ 남짓한 사무실을 마련하여 (주)김가네 법인을 설립하고 본격적으로 가맹 사업을 시작했다. 창업자들이 몰렸지만, 그는 일주일에 2~3개 점포 개설만을 고집했다. 가맹점을 빨리 내달라고 불만의 목소리가 높았지

만 그의 태도는 완고했다. 전 재산을 투자해서 시작하는 사업인데 대충 해서 실패하면 누가 책임질 거냐며 오히려 반문했다. 차라리기다리는 동안 서비스 등의 경쟁력을 높일 수 있는 방법을 고민하라고 권했다. 과정은 느리지만 원칙을 지키는 경영 방식을 보고 창업자들의 신뢰는 높아졌다.

1997년 IMF로 창업 시장은 어려움을 겪었지만, 외식비를 줄여 김밥을 찾는 사람들이 늘어나면서 월 평균 12개의 점포를 개설하게 되는 등 그에게는 오히려 도약의 기회가 됐다. 그러나 뜻하지 않은 곳에서 복병이 등장했다. 경제위기 이후 가벼워진 주머니를 겨냥한 '천원 김밥'이 득세하기 시작한 것이다. 그런데 고품질을 유지하며 가격을 내리지 않으니 비싼 김밥집이라는 인식이 생기면서 가맹점 개설 문의까지 주춤해졌다.

그러나 그는 고집을 꺾지 않았다. 맛과 품질을 중요시하는 고객은 언젠가는 다시 돌아올 것이라며 가격을 내리지 않았다. 오히려 가맹점주들을 독려하고 안정적인 물류 시스템을 구축하는 데 심혈을 기울였다. 시간이 지나자, 그가 예상했던 대로 가격이 비싸다고 등을 돌렸던 손님들이 하나둘 다시 돌아왔고, 가맹점주들도 안정을 되찾았다. 김 회장의 뚝심 경영 덕분에 (주)김가네의 지난해 매출은 195억 원을 기록했다.

지금은 대부분의 분식점이 (주)김가네의 운영 방식을 모방하는 상황이다. 그래서 김 회장은 선두 업체로서 경쟁력을 더욱 높이기 위해 물류 공급과 교육 등에 더욱 신경 쓰고 있다. 신선도를 유지하기 위해

(주)김가네 물류 센터

서울 광진구 구의동에 위치한 본사 물류 센터에서 모든 식자재를 매일 아침 가맹점에 직접 공급하고, 차량 1대당 영업 직원과 슈퍼바이저, 교육 강사 등 3명이 한 조로 움직이며 가맹점주의 편의성을 더욱 높이고 있는 것이다.

김 회장은 지금껏 그래왔듯이 앞으로도 '호시우보(虎視牛步)'의 소신으로 가맹 사업을 꾸준히 진행할 것이라고 밝혔다. 느릿느릿 묵묵하게 소의 걸음으로 나아가되, 호랑이의 매서운 눈으로 현실을 정확하게 바라보겠다는 것이다.

아로마포미 김삼수 사장도 마찬가지다. 사실 처음에는 아내가 '아로마파크'라는 프랜차이즈 가맹점으로 사업을 시작했다. 아이의 아토피가 심해서 천연화장품에 관심을 갖게 됐다가 사업성을 직감하고 창업 시장에 뛰어들게 된 것이다. 부업 삼아 시작했던 사업이 성공을 거두면서, 남편인 김 사장도 안정적인 공무원 생활을 그만두고 창업에 합류했다. 두 개의 점포가 잇달아 대박을 터뜨렸다. 장사가 잘되자 그에게 가맹점을 문의하는 사람들이 하나둘 나타나기 시작했다. 그리고 본사의 요청에 따라 경기지사의 운영을 맡았고, 그 뒤로 30여 개의 가맹점을 개설했다.

그런데 문제가 발생했다. 본사로부터 제품 공급이 원활히 이뤄지지 못한 것이다. 손님은 줄을 서는데 제품이 없어 팔지 못하는 상황이 지속되자 답답한 마음에 독립을 선언했다. 그랬더니 본사에서는 차라리 회사를 인수하는 게 어떻겠냐며 제의했다. 당시 가맹점은 그가 개설한 30여 개의 가맹점이 전부이다시피 했다. 2004년에 사업체를 맡으면서 그는 유통 구조를 단순하게 정리했다. 그리고 가장 큰 문제였던

아로마포미 제품

아로마포미는 자사 제품 개발로 더욱 안정적인 운영이 가능해졌다.

안정적인 제품 공급을 위해 해외 제조업체와 직거래 계약을 맺었다. 덕분에 국내 대리점에는 기본적인 스킨케어 제품에서 주름 개선 등의 기능성 제품, 색조용품, 바디용품, 에센셜 오일과 테라피 제품, 마시는 차에 이르기까지 1,300여 가지 제품을 도매가로 공급하게 됐다. 제품

아로마포미 물류 창고

공급이 원활해지면서 가맹점 운영은 다시 정상화되었다.

김 사장은 "불과 몇 년 전까지만 해도 웰빙 바람으로 천연화장품 프랜차이즈 본사가 난립하지 않았습니까? 그런데 지금은 거의 남아 있지 않아요. 왜 그럴까요? 천연화장품의 특성상 제품의 90퍼센트 이상 수입에 의존할 수밖에 없는데, 좋은 제품을 선정하고 구매한 뒤 운송하는 것이 쉽지 않기 때문이죠. 자금력도 충분히 뒤따라줘야 하고요."

그는 무엇보다 경쟁력 있는 제품을 확보하고 꾸준히 공급하는 것이 중요하다고 판단해서 제품 관리에 만전을 기하고 있다. 인터넷 홈페이지의 점장 전용 게시판에는 지난 1년간 출고된 제품의 순위를 정리하여 인기 품목과 비인기 품목을 공개하고 있다. 또 품절된 제품은 품절 이유와 재입고 예정일 등을 수시로 등록하여 이를 통해 점주들이 제품의 재고를 비슷하게 유지하도록 한다. 철저한 재고 관리는 손실을 최소화해주기 때문이다.

그는 본사의 역할이 가맹점의 판매 능력을 키울 수 있도록 도와주

는 것이라 강조한다. 가맹점이 잘돼야 본사도 함께 살아남을 수 있기 때문이다. 이를 위해 그는 항상 점주의 입장에서 고민하고 생각한다.

가맹점과 본사가 함께 오래 살아남기 위해 쓸데없는 비용도 줄였다. 그는 가맹점 개설 시 가맹비와 보증금, 로열티를 받지 않는다. 그러니 계약서도 작성하지 않는다. 계약서가 오히려 가맹점주를 옥죄는 족쇄라고 생각하기 때문이다. 인테리어 비용도 평당 90~100만 원선으로 실비만 받는다. 간판도 A/S의 편의성을 고려해 현지 업체에서 제작할 수 있도록 하고 있다. 그는 이러한 자신의 가맹 방식을 '신프랜차이즈 형태'라고 말한다. 단, 1개 지역에 1개 점포만 개설한다는 원칙은 고수하고 있다. 김 사장은 본사와 가맹점 간 계약서가 없더라도 좋은 제품을 꾸준히 공급하고 마음으로 교류한다면 가맹점 이탈은 없을 것이라고 자신한다.

2009년부터는 경기도 오산시에 설립한 9,900㎡ 규모의 제조 공장에서 '무인공향료, 무색소, 무방부제'를 표방하는 자체 브랜드 상품 '유어바디'를 생산하여 매장에 공급하고 있다. 수입 화장품에 떨어지지 않는 품질과 저렴한 가격 덕분에 효자 상품으로 자리 잡고 있다. 그는 자사 제품의 경쟁력을 높여 천연화장품의 본고장인 해외로 자신의 브랜드를 수출하는 것이 목표라고 한다. 브랜드 희소성을 유지하기 위해 가맹점도 향후 300개만 개설할 예정이다.

떡볶이전문점 신떡의 이민화 사장도 가맹 사업을 진행하면서 물류 공급에 어려움을 겪은 적이 있다. 대구 지역의 인기를 발판으로 전국으로 사업을 확대하면서 가맹점수가 90여 개로 늘어났을 무렵이었다.

'신떡' 특유의 맛을 내기 위해서는 대구에서 생산되는 주요 식자재(떡, 어묵, 만두)를 사용해야 했는데, 물류 시스템이 구축되지 않아서 전국의 가맹점으로 유통시키기가 쉽지 않았던 것이다. 그렇다고 다른 제품을 사용했다간 맛이 달라질 것은 뻔한 이치였다. 그는 전국 어디서든 똑같은 맛을 내야 한다는 원칙을 지키기 위해 대구에서 직접 냉장 차량으로 배송했다.

신떡 이민화 사장

이민화 사장은 똑같은 맛을 지키기 위해 적자도 기꺼이 감수했다.

비용 부담은 상당해서, 매달 500만 원 이상의 적자가 발생했다. 결국 2005년에 대구와 경기도 광주에 물류 센터를 구축하고 나서야 유통 문제가 해결됐다.

전국 어디에서나 맛볼 수 있는 '신떡'만의 메뉴인 떡볶이(신떡, 매떡, 짜떡, 카떡), 튀오뎅, 튀만두, 김밥 등에 대한 그의 자부심은 대단하다. 이 사장은 살아남기 어려운 프랜차이즈 시장에서 10년 동안 변함없이 자리를 지켜온 점, 차별화된 맛을 유지하기 위해 대구 생산 공장을 지키고 있는 점 등을 가맹점주들이 높이 평가하는 데 대해 감사의 뜻을 전한다.

인터넷의 활성화, 정보 공개서 열람 등으로 창업자들에게 많은 정보가 열려 있다고는 하지만, 아직까지도 소위 '먹튀' 프랜차이즈는 있기 때문에 주의해야 한다. 법인명을 자주 바꾸거나 저가의 창업 비용을 장점으로 내세웠다가 사후 관리는 하지 않는 본사, 정보 공개서를 등록하지 않은 채 가맹 계약을 체결하거나 가맹금을 받는 가맹 본부 등은 일단 의심해볼 필요가 있다. 이미 개설된 가맹점을 방문해 운영자의 이야기를 들어보는 것도 건실한 업체인지 아닌지를 판단할 수 있는 좋은 방법이 될 것이다.

7

질 좋은 재료, 수준 높은 서비스를 유지하라

한 번 올라가면 다시 내려오기 힘든 것이 무엇일까? 바로 입맛과 안목이다. 최고의 맛을 보면 그 맛이 쉽사리 잊히지 않고, 최고의 제품과 서비스를 경험해보면 그 역시 쉽게 잊히지 않는다. 소비자들의 입맛과 안목이 갈수록 높아지면서 '맛보다 가격'이라는 식의 접근은 더 이상 효과를 발휘하지 못한다. 최고의 맛, 최고의 서비스를 경험하기 위해서라면 산 넘고 물 건너가야 하는 험한 길도 기꺼이 감수하는 사람들이 점차 늘어나고 있기 때문이다. 최고의 맛, 최고의 서비스를 구현해내기 위해서는 무엇보다 기본 바탕이 튼튼해야 한다. 음식은 질 좋은 재료, 서비스는 고객을 생각하는 마음이 기본이라 할 수 있겠다.

영철버거 이영철 사장은 이러한 원칙을 '노점형 버거'에 적용했다.

그래서 싸구려 길거리 음식을 고품격 수제 버거로 발전시켜 소비자의 만족도를 높였다. 처음에 영철버거의 대표 상품은 국내산 돼지고기를 이용한 1,000원짜리 한국형 길거리 햄버거였다. 최근에는 시장 환경의 변화로 고품격 상품을 원하는 소비층에 맞춰서 3,000~5,000원대의 치즈버거, 재즈버거, 팝버거, 클래식버거를 출시했다. 웰빙 트렌드에 맞춰 오징어먹물버거까지 등장했다. 영철버거의 시작은 길거리의 저렴한 버거이지만 점포형으로 발전하면서 고품격 웰빙 버거로 거듭난 것이다. 최근 수제 버거 시장은 1만 원에 달하는 제품이 등장하는 등 가격대가 급격히 상승하고 있다. 이에 비하면 영철버거는 아직도 착한 가격을 유지하고 있는 셈이다. 양질의 원재료를 사용하면서 철저하게 위생을 관리하여 생산되는 점을 감안한다면, 가격 경쟁력이

영철버거 메뉴

감자튀김

시리얼치즈버거

곧 시장 경쟁력이 된 것이다.

물론 그가 처음부터 대박을 터뜨린 것은 아니다. 이 사장의 최종 학력은 국민학교 4학년 중퇴다. 집안 형편으로 인해 그는 중국집 배달, 막노동, 봉제 공장 직원, 웨이터 등 안 해본 일이 없다고 한다. 승합차를 몰며 계란빵, 토스트, 노점상 등도 했다. 그러나 음식 장사, 특히 패스트푸드에 대해서는 아는 것이 전혀 없었다. 그러던 어느 날 공사판에서 허리를 다쳐 더 이상 일을 하지 못하게 됐다. 마지막이라는 생각으로 2000년 9월, 전 재산 2만 2,000원을 털어 고대 앞에서 햄버거 노점상을 시작했다. 한국인 입맛에 맞는 값싼 햄버거를 만들어보기로 한 것이다. 돼지고기 등심과 양파, 청양고추, 양배추 등 각종 채소에 그가 개발해낸 특제 소스를 곁들여 볶은 양념으로 빵 속을 채워 지금까지 없던 햄버거를 만들어냈다. 가격은 단돈 1,000원이었고 콜라는 무한 리필해주었다.

장사를 시작하고 처음 3년간은 하루 세 끼를 자신이 만든 빵으로 때웠다. 1,000원짜리 간식거리를 팔면서 그 이상의 돈을 주고 밥을 사 먹는 것이 분에 넘친다고 생각했다. 학생들은 자신들과 같이 햄버거를 먹는 이 사장의 모습을 신기하게 바라봤다. 그런데 이것이 "자기가 만든 버거를 먹는 모습을 보니 믿을 수 있겠다", "먹을 만한가 보다"는 이미지를 심어주면서 손님이 점차 늘었다.

그러나 나이 어린 대학생들에게 굽실거리며 햄버거 장사를 한다는 것이 마음처럼 쉽지는 않았다. 리어카를 끌고 나가면 사람들이 다 자기만 쳐다보는 것 같아 괜스레 주눅이 들기도 했다. 하지만 시간이 지

새롭게 리뉴얼한 영철버거 안암 본점

나면서 엘리트라는 사람들도 그 나름대로 부족함이 있고, 삶의 애환을 가지고 있다는 것을 알게 됐다. 그는 생각을 바꿔서 가게를 찾아오는 대학생들을 손님이 아닌 동생으로 여기고 진심으로 대하면서 인생 상담까지 해주었다. 그가 학생들의 삶에 관심을 보이고 아낌없이 조언해주자, 어느덧

고대생들은 그를 인생의 큰형님으로 여기기 시작했다.

그렇게 10년간 열심히 일해서 결국 어엿한 가게까지 마련할 수 있었다. 이 사장은 자신을 믿어준 고대생들과 함께 기쁨을 나누고 싶었다. 그래서 어려운 형편이지만 매년 2천만 원씩 장학금으로 기탁했다. 그의 선행이 화제가 되면서 영철버거는 언론을 탔고, 2003년 방송 출연 뒤에는 가맹점을 내겠다는 사람들이 줄을 서기 시작했다. 그러나 그는 대부분의 사람들을 돌려보냈다. 말려도 꼭 해야겠다는 사람들에게는 가맹점을 내줬는데, 모두가 이 사장처럼 성공하지는 못했다.

고심 끝에 그는 가맹 사업을 중단하고 사업을 전반적으로 재정비했다. 2009년에 본점을 새로 단장하면서 프랜차이즈 시스템도 새롭게 구축했다. 전국 어디서나 동일한 상품을 제공할 수 있도록 물류 시스템도 정비하면서 소상공인진흥원의 유망 소상공인 프랜차이즈 브랜드로도 선정됐다.

투자자들에게 가시적인 수익 모델을 보여준다는 차원에서 안암동 본점과 신설동 직영점을 새롭게 단장했는데, 고객들은 기대 이상이라는 반응을 보였다. 한국형 버거의 이미지를 그대로 살리되, 이전과 같이 재래식 분위기는 과감하게 없애버렸다. 대신 여성 고객들도 좋아할 만한 분위기로 인테리어 및 시설을 새롭게 개조하고 주방 또한 오픈해서 100퍼센트 탈바꿈했다. 고객들은 영철버거가 생산되는 과정을 한눈에 볼 수 있어서 만족도가 더욱 높아졌다.

현재 하루 평균 내점 고객은 1,000여 명을 넘어서고 있다고 한다. 정부 지원을 받아 프랜차이즈 시스템을 구축한 그는 이제 또 다른 도약을 꿈꾸고 있다. 어설픈 프랜차이즈가 아니라 제대로 된 햄버거 브랜드를 만들어, 가맹점주와 본사가 모두 행복한 세상을 만들고 싶다는 것이 그의 포부다.

한국인들에게 가장 대중적인 삼겹살과 함께 전통의 떡을 결합해 '떡쌈'이라는 새로운 메뉴를 개발하고 국내 최고의 삼겹살업체로 우뚝 선 떡쌈시대 이호경 사장도 최고의 맛, 최고의 서비스를 위해 변화를 시도하고 있다. 이 사장은 수입산 돼지고기 일색인 삼겹살전문점에 벌침을 쏘여 키운 돼지고기인 '봉침돈'을 사용하며 퀄리티를 높였다. 봉침돈은 저항생제 돼지고기로, 불

떡쌈시대 서포터스 모집 안내

포화지방산 함량이 높고 콜레스테롤 함량은 낮아 웰빙 트렌드에 잘 맞는다는 평가다. 쌀피는 순수 국내산 쌀만 사용하여 익반죽을 해서 쫄깃하고 부드러운 맛을 살렸다. 떡쌈을 찍어 먹는 소스 역시 바비큐 소스, 핫소스, 마늘소스, 콩가루소스 등으로 다양화하여 고객이 입맛에 맞춰 골라 먹을 수 있도록 해서 만족도를 높였다. 김치, 야채 등 모든 식재료 역시 순수 국내산 농산물만을 사용하여 고객이 안심하고 먹을 수 있는 바른 먹을거리를 제공하기 위해 노력하고 있다.

외국 손님들이 부쩍 늘어나면서 세계 속에서 인정받기 위해 서비스 품질도 높였다. 충성 고객을 미스터리 쇼퍼로 활용한 '떡쌈서포터스'를 통해 가맹점의 서비스를 실시간으로 평가하고 있다. 이 사장은 "삼겹살은 외국인들에게도 인기 있는 메뉴지만 아쉽게도 고깃집에서의 서비스는 국제적인 수준이 아니다. 세계에서도 통하려면 세계인이 공감할 수 있는 수준의 서비스가 필요하다"며 서비스의 중요성 역시 강조했다.

경기 불황이 이어지면서 떨어지는 매출에 고민이 많은 창업자가 증가하고 있다. 그러나 많은 사람들이 남 탓을 할 뿐 자신에게 문제가 있을 거라고 생각하지는 않는다. 창업 전문가들은 매출이 떨어질 경우 바깥이 아닌, 내부에 별다른 문제가 없는지 점검할 것을 권한다. 등잔 밑이 어두울 수 있다는 말이다. 그리고 같은 상황에서 서비스 경쟁력만 높여도 매출이 눈에 띄게 상승할 수 있다고 강조한다. 결국 사람의 마음을 움직일 수 있는 것은 손님을 진심으로 대하는 서비스이기 때문이다.

8

B급에서 먹히면
어디에서든 먹힌다

점포형 창업의 경우 입지 선정은 매우 중요하다. '창업에서 입지가 반이다'라는 말은 입지의 중요성을 가장 잘 나타낸 말이다. 입지는 매출에도 지대한 영향을 미친다. 사람들이 눈에 잘 띄고 접근이 쉬운 점포로 발걸음을 옮기는 것은 자연스러운 일이다. 그러나 이러한 점포는 장점만큼이나 높은 비용이 필요하게 마련이다. 높은 보증금과 임대료는 말할 것도 없고 어마어마한 권리금까지 붙으면 소자본 창업자는 꿈도 꿀 수 없을 정도의 금액이 되기도 한다. 문제는 A급 입지에서 창업을 했다 하더라도 성공이 보장되지 않는다는 점이다. 지출되는 비용만큼 매출이 따라주면 다행이지만, 그렇지 않을 경우 높은 비용을 감당하지 못해 결국 폐점으로 이어지는 경우도 다반사다.

이런 이유에서 소자본 창업자들은 울며 겨자 먹기로 B급 입지를 택할 수밖에 없다. 그러나 진정한 장사의 고수들은 일부러 B급 입지를 택하기도 한다. 좋지 않은 입지에서 성공을 거두면 전국 어디에서든 먹힐 수 있을 것이라는 가능성에 자신감을 더해주기 때문이다.

더후라이팬 이정규 사장이 홍대 번화가가 아닌 후문 쪽 주택가 골목에 치킨전문점을 낸 것도 그러한 이유에서다. 이면도로 점포는 이를 검증하기 위한 전략적인 선택이었다. 유동 인구가 뜸하다 보니 장사가 안 될 것이라고 생각은 했지만, 결과는 예상보다 참담했다. 하루 매출이 5~7만 원에 불과했다. 매상이 2만 4,800원을 기록한 날도 있었다. 이 사장은 당장의 매출보다 재방문율을 높이는 것이 중요하다고 생각하고, 한 번 방문한 손님의 만족도를 높이기 위해 최선을 다했다. 6개월이 지나자 여성 고객을 중심으로 치킨이 맛있는 곳이라고 입소문이 나면서 하루 매출이 50~60만 원을 넘어섰다. 1년이 지나자 하루 매출은 100만 원을 훌쩍 넘겼다.

새로운 도전이 보기 좋게 성공을 거뒀지만, 그는 또 다른 의문이 들었다. 홍대는 특이한 아이템도 좋은 반응을 얻을 수 있는 독특한 성격의 상권이라는 사실이었다. 전국으로 사업을 진행하려면 일반적인 상권에서의 검증이 필요

더후라이팬 홍대 직영점

했다. 그래서 선택한 곳이 다양한 사람들이 몰리는 서울 건대 앞 상권이었다. 이번에는 165㎡ 정도로 규모를 넓혔다. 시작은 '역시나'였다. 하루 매출이 10~15만 원에 불과했다. 당시 월세가 400만 원이었는데, 월 매출이 400만 원이었던 때도 있었다. 적자가 이어지면서 직원들의 월급을 마련하기 위해 백화점 요리 강사로 나서기도 했다. 다행히 6개월이 지나지 않아 차별화된 메뉴와 서비스에 손님의 발걸음이 늘어났고, 하루 매출도 100만 원을 넘어섰다. 직영점 2곳이 성공을 거두면서 가맹 사업은 자연스럽게 진행됐다.

허허벌판인 도로변의 가건물을 선택해서 성공을 거둔 CEO도 있다. 아로마포미 김삼수 사장은 돈을 적게 들여 수익을 낼 수 있는 점포를 찾다가, 경기도 용인시 구성읍 도로변에 위치한 5평 규모의 가건물을 택했다. 다소 무모한 도전으로 보였지만 사실은 좋지 않은 입지에서 성공한 경험이 있어서 과감하게 선택한 것이다. 첫 경험은 경기도 분당 미금역에 위치한 상가 2층의 조그만 매장이었다. 상가 내 점포 중 하나일 뿐 크게 눈에 띄는 매장은 아니었다. 그래서 제품을 숙지하고, 고가의 제품을 선뜻 구입하지 못하는 손님에게는 조그만 용기에 덜어서 사용할 수 있도록 하는 등 고객 밀착 서비스를 펼쳤다. 그 결과 매출은 하루 100만 원을 껑충 뛰어넘었다. 손님들이 줄을 잇자, 이를 눈여겨본 옆 가게에서 점포를 넘겨달라고 했다. 1년 가까이 공을 들인 매장이었지만 고민 끝에 점포를 넘겼다. 그다음으로 간 곳이 도로변 가건물이었던 것이다.

허허벌판에 세워진 건물이었지만 차량 이동이 많아 장사가 잘될 것

같다고 판단했다. 보증금 500만 원에 월세 50만 원으로 계약했다. 인테리어 공사는 자신이 직접 나섰다. 전등을 직접 달고 세면대도 직접 구입해 달았다. 대신 화장품전문점의 특성을 강조하여 손님의 이목을 끌기 위해 인테리어 소품은 최상으로 들여왔다. 가게 문을 열자 기대와는 달리 손님들의 발걸음이 뜸했다. 그는 적극적인 홍보가 필요하다고 생각해서, 전단지를 직접 제작해 인근 아파트를 돌아다니며 붙였다. 손님이 하나둘 방문하기 시작하자, 이번에는 아내가 나섰다. 손님들과 충분히 대화를 나누고 개인에게 맞는 제품을 추천했다. 고객 밀착 서비스가 효과를 나타내면서 3개월 만에 하루 매출이 100만 원을 넘어섰다. 장사가 잘되자 그에게 가맹점을 문의하는 사람들이 하나둘 나타나기 시작했다. 그 결과, 가맹점은 30여 개로 늘어났다.

행촌소바 주웅택 사장도 최근 세컨드브랜드인 '소담'의 직영점을 회사 근처나 역세권이 아닌 서울 도봉구 쌍문동의 주택가 이면도로인 B급 입지에 냈다. 이유는 오로지 맛으로 경쟁력을 검증 받기 위해서였다. B급 입지에서 자리 잡을 수 있는 메뉴라면 어느 곳에서도 정착할 수 있다는 게 그의 생각이다.

자금 사정으로 어쩔 수 없이 B급 입지를 택했지만 이것이 오히려 이슈가 되어 더 큰 성공을 거머쥔 CEO도 있다. 바로 본죽 김철호 사장이다. 2002년에 대학로에서 시작한 죽집은 2층이라는 점포 입지가 불리하게 작용하여 하루 매출이 10만 원 안팎에 그칠 정도로 좋지 않았다. 그는 불리한 입지를 극복하기 위해 대대적으로 인테리어를 바꿨다. 물론 점포를 알리기 위해 전단지도 나눠줬다. 시간이 지나자 독특한 죽전문점으로 이슈가 되기 시작했다. 가맹점을 내고 싶다는 사람도 찾아왔고, 기존 창업자의 소개를 통해 추가로 점포가 개설되면서 프랜차이즈 사업에 자연스럽게 속도가 붙었다.

그러나 모두가 B급 입지에서 성공을 거둘 수 있는 것은 아니다. 서울 송파구에서 식당을 개점한 강씨는 골목 안에 위치하여 입지 경쟁력이 다소 떨어지는 점포를 택했다. 강씨는 음식점은 '맛'만 있으면 손님을 끌 수 있다고 생각하고 야심차게 창업 시장에 발을 내디뎠다. 새로운 음식점의 등장에 처음에는 손님들의 발걸음이 이어졌다. 그런데 '오픈발'이 사라지자 매출이 눈에 띄게 줄기 시작했다. B급 입지였지만 인테리어에 적지 않은 돈을 투자했던 강씨는 마음이 조급해졌다. 답답한 마음에 케이블 TV에 광고를 싣고 전단지도 돌려봤지만, 큰 효과는 없었다.

더후라이팬 건대점

그러던 강씨의 눈에 인근에 위치한 김치찌개전문점이 눈에 들어왔다. 점심시간이면 줄을 길게 늘어서는 광경에 '이거다'라는 생각이 들었다. 다음 날 강씨의 점포에는 '점심 특선 메뉴 김치찌개, 된장찌개'라는 현수막이 내걸렸다. 그러나 기대와는 달리 점심 매출은 더욱 떨어졌

더후라이팬 매장

더후라이팬의 시선을 사로잡는 인테리어

다. 기존 메뉴에서 문제점을 찾아내고 보완해야 했는데, 생뚱맞은 메뉴가 등장하자 사람들은 '얼마나 장사가 안 됐으면……'이라고 생각한 것이다. 결국 전문성이 떨어지고 매출 부진이 심각한 상황에 이르면서 강씨는 결국 가게를 내놓고 말았다.

B급 점포는 입지 경쟁력이 떨어지는 대신 점포 비용이 저렴하다는 장점이 있다. 장사가 잘되어 같은 규모를 지닌 A급 입지의 점포와 매출이 비슷한 수준이라면, 오히려 비용이 적게 발생하므로 더 높은 수익을 거둘 수 있으니 실속 창업이 되는 셈이다. 문제는 이러한 공식이 모두에게 적용되지는 않는다는 사실이다. B급 점포에서 대박을 터뜨리는 일은 결코 만만치 않다. 시간도 시간이거니와 A급 점포에 비해 다방면으로 몇 배의 노력이 필요하다는 점을 명심해야 할 것이다.

04

또 다른 기적을 위하여 •

성공을 위한
X파일

살아남으려면 손님을 돈으로 보는 장사꾼의 마인드가 아니라 오늘보다 나은 내일을 내다보고 계획하는 경영자의 마인드
가 필요하다. 불경기랍시고 낮은 가격만 강조할 게 아니라 가격 대비 만족도라는 소비 성향에 맞춰 대응하라.

창업은 기다림이며, 인내심이 필요하다.

1

괜찮은 아이템은
생활 속에 숨어 있다

인연을 찾을 때 먼 곳이 아니라 가까운 곳부터 찾아보라는 말이 있다. 깨닫지 못했을 뿐, 멀지 않은 곳, 그것도 내 주변에 진정한 인연, 천생배필이 있다는 말이다. 너무 가까운 곳이나 일상 속에 묻혀 있다 보니 그 사람의 진가를 제대로 발견하지 못하는 것이다. 진정한 인연처럼 일상 속에는 대박을 터뜨릴 수 있는 다양한 아이템이 숨어 있다. 문제는 너무 평범하고 일상적이어서 특별함을 찾아내기가 쉽지 않다는 것이다.

'잉크가이'를 운영하고 있는 (주)유니비스의 최윤희 사장은 평범한 일상에서 창업자와 소비자를 동시에 만족시키는 교집합 찾기에 성공하면서 가맹점 800여 개를 확보하며 영역을 꾸준히 넓혀가고 있다. 생활 속 아이템은 그가 창업 시장에 발을 내딛도록 만든 계기이기도 하다. 잉크가이 이전에 대박을 터뜨렸던 '비디오맨'이라는 가맹 사업 역시 일상에서 찾은 결과물이다. 늦은 저녁 시간에 비디오를 빌려 보다가 '간식을 배달해주는 비디오 대여 업체는 왜 없을까?'라는 의문이 들었고 과감히 실행에 옮긴 결과 폭발적인 반응을 얻어낸 것이다.

방문 잉크 충전 사업 역시 생활 속의 불편함과 이를 해결하려는 노력에서 찾아냈다. 평소 사무실에서 일하다가 프린터 잉크가 떨어질 때마다 불편함을 느낀 최 사장은 이번에도 의문을 제시했다.

"요즘은 자장면, 피자와 같은 음식은 물론 휴대폰도 고장이 나면 찾아가는 서비스를 하고 있는데, 프린터 잉크 충전은 왜 방문 서비스가 안 될까? 전문가가 사무실로 직접 방문해서 잉크를 그 자리에서 바로 충전해준다면 얼마나 좋을까?" 하는 생각이 들었던 것이다.

사소한 의문이었지만, 그는 그냥 넘겨버리지 않았다. 자신과 같이

잉크가이 본사

방문 잉크 충전 서비스를 원하는 사람들이 많을 것이라는 생각이 들자 사업화에 나섰다. 1년이라는 시간을 투자해 휴대용 충전 장비를 개발하고 고품질의 리필용 잉크도 개발했다. 체계적인 교육 시스템도 마련했다. 점포 없이 500만 원으로 창업이 가능한 방문 잉크 충전 사업에 창업자들의 반응은 뜨거웠다. 기존 잉크 충전방 운영자를 비롯해 투잡을 원하는 직장인까지 다양한 사람들이 창업을 문의했다. 소비자들의 반응도 마찬가지였다. 이렇게 생활 속 불편에 대한 작은 의문이 찾아가는 잉크 충전 서비스라는 새로운 시장을 만들어냈고, 가맹점 800여 개라는 놀라운 성과로 이어진 셈이다.

그는 신규 창업자가 조기에 안정을 찾을 수 있도록 '창업 멘토링 제도'도 마련하고 있다. 선배 가맹점주가 신규 가맹점주를 현장에서 일대일로 가르치며 운영 노하우를 전수해주는 교육 프로그램인데, 초보 창업자들에게 좋은 반응을 얻고 있다.

방문 잉크 충전 서비스는 더 많은 거래처를 확보해야 가맹점과 본사가 함께 살아남을 수 있다. 그래서 지난해부터는 사업 영역을 더욱 확대했다. 당시 전국적으로 4,500여 개의 점포가 개설된 편의점 훼미리마트에 잉크가이를 입점시켜 충전 서비스를 실시하기 시작했다. 또 KT를 비롯해 애경, 포스코, LG아워홈 등 대기업과도 충전 서비스 계약을 맺었다. 정부 조달 납품 등록도 마쳐서 정부 부처, 지방자치단체, 공공기관에도 충전과 납품 서비스를 하고 있다. 현재 800여 개의 가맹점을 확보하고 있는 최 사장은 향후 1,500개까지 내다보고 있다.

일상의 불편함에서 발견한 새로운 아이디어가 대박은 낸 것은 물

잉크가이 교육 현장

서비스의 기본은 철저한 교육에 있다.

론, 주위의 다른 점포에까지 영향을 미친 획기적인 사건도 있다. 폐점
위기의 중식당을 살려낸 아시안푸드 조미옥 사장이 만들어낸 첫 프랜
차이즈 브랜드 '뮬란'이 그 주인공이다. 안산의 중식당 '중국관'이 재기
에 성공하자, 대형 할인점 홈플러스에서 푸드코트 입점을 제의했다.
주변 사람들은 '별 이득이 없을 것'이라며 만류했지만, 그녀의 생각은
달랐다. 10년에서 길게는 20년 동안, 그 자리에서 변함없이 일하고 있
는 직원들이 눈에 들어왔다. 사장이 되고픈 꿈을 갖고 있더라도 현실
로 이어지기가 힘든 상황이었다. 가족과 같은 직원들이 나가서 직접
운영할 수 있는 중국 음식점이 필요하다고 생각하던 차에 홈플러스에
서 제의가 들어온 것이다.

　　조 사장은 계획했던 아이템을 테스트해볼 좋은 기회라고 생각했다.

아버지를 대신해 전쟁터에 출장해서 승리를 거둔다는 중국의 설화 속 인물 '뮬란'에서 브랜드명을 따서 캐주얼 중식 브랜드를 만들었다. 당시 푸드코트에는 '자장면'이나 '짬뽕'과 같은 단품 메뉴가 일반적이었지만 할인점 고객의 특성을 고려해서 요리와 식사를 조금씩 즐길 수 있는 '싱글세트' 메뉴를 개발했다. 생소한 세트 메뉴를 본 사람들의 반응은 시큰둥했다. 그는 손님들의 이해를 돕기 위해 상세한 메뉴 사진과 같은 시각적인 효과가 필요하다고 판단했다. 그래서 아침에 출근하면 메뉴판 그대로 음식을 만들어 푸드코트 앞에 진열했다. 그러자 사람들의 반응은 폭발적이었다. "아, 이 메뉴가 이렇게 나오는 거구나"라며 신기해하던 사람들이 푸드코트로 몰려들었다. 20㎡ 규모 점포에서 발생한 월 매출은 평균 1억 원 이상이었고, 담당자 역시 푸트코트 사상 처음 있는 일이라며 놀라워했다.

매일 진열하기 위해 만들었다 버려지는 음식이 아까운 생각이 들자 모형을 제작했다. 그랬더니 타 음식점에서도 모형을 제작하기 시작했다. 푸드코트 앞에 모형 음식이 어지럽게 펼쳐져 있자 담당자가 정리에 나섰다. 계산대 옆에 음식 모형 진열장을 설치하여 모형 음식을 한데 모아 손님들이 푸드코트의 음식을 한눈에 살펴볼 수 있도록 한 것이다. 지금은 보편화된 음식 모형 진열장이 뮬란에서 시작된 셈이다.

치어스 정한 사장은 호프집의 안주라고 하면 음식의 질이 그다지 높지 않다는 점에서 사업의 가능성을 발견했다. 대부분 본사에서 냉동 상태의 반제품을 공급 받아 간단히 조리한 후 손님에게 내놓기 때문에 만족도가 높지 않았던 것이다. 그는 다소 시간이 걸리더라도 주방장이 안주를 직접 요리해서 내놓는 방식을 택했다. 요리의 종류도 한식, 중식, 이탈리아식, 태국식 등 세계 각국의 음식으로 구성하여 다양화를 시도했다. 주문 즉시 주방에서 조리되기 때문에 종류에 따라 20~30분의 시간이 걸리기도 했다. 처음에는 손님들의 불평이 많았다. 그러나 음식을 맛본 뒤 불평하는 고객 수는 점차 줄었다. 피자, 해물떡볶이, 모듬소시지 등 아이들이 좋아하는 음식을 추가하면서 아이를 동반한 가족 단위의 고객도 부쩍 늘어났다. 식사로도 손색이 없는 다양한 메뉴를 갖추자 낮 시간에는 주부 모임이, 저녁 시간에는 직장인들의 방문이 이어졌다.

그의 점포는 이면도로에 위치해 입지가 좋지 않았고, 주변에는 이미 10여 개의 경쟁 점포가 운영 중이었다. 그러나 모두가 부족하다고 생각했던 안주의 질을 한 단계 끌어올리자, 215㎡ 규모의 고급 생맥주전문점 '치어스'는 다양한 연령층의 고객이 찾는 지역 명소로 자리 잡았다. 충성 고객이 늘어나면서 가맹 사업은 자연스럽게 진행됐다. '나도 점포를 내고 싶다'는 고객이 하나둘 생겼기 때문이다.

치어스 메뉴

치어스는 요리의 품질을 높여 다양한 고객을 확보했다.

가맹점이 늘어나면서 그는 더욱 체계적인 시스템이 필요하다고 판단하고 식품의 제조와 주방 인력의 양성을 병행했다. 경기도 용인시에 990㎡ 규모의 물류 공장을 설립해서 모든 식재료를 직접 가맹점에 납품하도록 했다. 공장에서 대부분 1차로 손질하기 때문에 조리하는 데 걸리는 시간도 상당히 단축됐다. 안정적인 주방 인력 확보에도 직접 나섰다. 음식점 운영의 핵심은 안정적인 주방 관리에 있다고 해도 과언이 아니기 때문이다. 주방장이 갑자기 결근하거나 일을 그만두게 되면 영업을 할 수가 없다. 그래서 본사에 조리 아카데미를 설치하여 조리사 교육을 직접 실시하고 있다. 가맹점에는 조리 아카데미를 수료한 주방장을 파견하고, 인건비 역시 합리적인 수준으로 책정해서 가맹점주의 부담을 덜고 있다.

이 세상에 어느 날 갑자기 뚝 떨어지는 것은 없다. 눈을 크게 뜨고 주위를 둘러보자. 평소 생활하면서 불편했거나 불만스러웠던 점, 좋았거나 만족스러웠던 점은 무엇이었는지 꼼꼼히 수첩에 기록해보자. 미처 눈치채지 못했던 새로운 아이템을 발견하게 되는 행운이 찾아올지도 모를 일이다.

2

싸구려는 유통 기한이 짧다

대형 할인점에 손님이 몰리는 이유는 다양한 물건을 한곳에서 구입하려는 의도도 있지만 물건을 조금이라도 싸게 구입할 수 있어서다. 물론 일부 상품의 경우에는 동네 슈퍼나 인근 시장이 훨씬 싸기도 하지만, 사람들은 넓고 쾌적한 시설을 편리하게 이용할 수 있고 눈길을 사로잡는 전단지에 이끌려 대형 할인점을 찾게 된다. 그리고 '가격혁명', '반값 할인' 등의 문구에 마음이 흔들려 과소비를 하게 된다.

예를 들어, 진열대에 비슷한 사양의 제품 A, B가 놓여 있다고 가정해보자. A의 가격은 1만 원, B의 가격은 9,900원이다. 가격 차이는 100원에 불과하지만 사람들의 손길은 B에 쏠린다. 1+1도 비슷한 개념이다. 1개 가격에 2개의 제품을 판매하는 방식에 주부들은 열광한다. 심지어 "이제 1+1은 식상하다. 1+2 행사는 없느냐"며 아쉬움을 드러내기도 한다. 그러나 모든 일에는 이유가 있듯 싼 것에도 이유가 있게 마련이다.

인터넷 쇼핑이 필수가 된 요즈음이지만 필자가 인터넷 쇼핑으로 구입하기를 꺼리는 물건이 있다면 '옷'이다. 물론 잘 사는 사람은 여느 오프라인 매장에서 구입한 것보다도 만족도가 높다고 한다. 그러나 필자는 매번 실패를 거듭하고 말았다. 화면과 실물에 다소 차이가 있기도 했지만, 근본적인 이유는 가격에 있다. 조금이라도 더 싼 상품을 고르다 보니 결국 내가 입기도 뭐하고 남을 주기도 뭐한 애매한 옷만 남는 것이다. 다시는 인터넷에서 옷을 구입하지 않겠다고 다짐하지만 '한정 특가', '폭탄 세일'이라는 문구만 보면 어느새 정신줄을 놓은 채 정신없이 클릭하고 있다.

어쨌거나 많은 사람들이 경험했겠지만 가격의 유혹에 쉽게 넘어가면 후회할 가능성이 다분히 높다. 창업 시장도 마찬가지다. 그동안 창업 시장에 반짝하고 등장했다가 금세 사라진 아이템을 잘 살펴보면 그중에서도 가장 큰 이유가 지나치게 낮은 가격으로만 소비자를 현혹시키려 했기 때문이다. 가격으로 승부하는 업체들은 대체로 유통 기한이 짧다. 대표적인 예가 5,000원 치킨이다. 2000년대 중반, 튀김 닭 한 마리를 5,000원에 파는 치킨전문점이 창업 시장을 강타하며 큰 인기를 누렸다. 저가 치킨은 박리다매 전략과 배달 판매를 없애서 인건비를 줄인 것이 특징이다. 그러나 가격 외에는 별다른 경쟁력이 없다는 소비자들의 냉담한 평가가 이어지면서 점포수가 급격히 줄어들기 시작했다. 현재는 대표 브랜드 역시 상권에서 찾아보기 어려운 상황에 접어들었다. 최근에는 한 마리 가격에 두 마리를 제공하는 이른바 '1+1' 전략의 저가 치킨이 등장하면서 알뜰한 소비자들에게 좋은 반응을 얻고 있는데, 이 또한 어떻게 될지는 좀 더 지켜볼 일이다.

티바두마리치킨 매장

최근 인기를 끌고 있는 두마리치킨

이렇듯 가격 전략은 손님을 끌어들이는 1차적인 요인이 되긴 한다. 그러나 지속적으로 고객을 유입시키기 위해서는 경쟁력 있는 맛과 품질이 뒷받침되어야 한다. 맛과 품질을 높이기 위해서는 어느 정도의 비용이 투자되어야 하는데, 지나친 저가 전략으로는 그러기가 쉽지

티바두마리치킨 메뉴

한 마리 가격에 치킨 두 마리가 제공된다.

않다. 연구 개발비에 투자할 여력이 없을뿐더러 원가를 절감하다 보니 값싼 재료로 경쟁력을 높이기도 쉽지 않다.

1,000원 김밥이 등장하면서 상대적으로 고가인 (주)김가네는 어려움을 겪었다. 경제위기 이후 가벼운 주머니를 겨냥한 저가 김밥에 비해, 품질을 유지하며 가격을 내리지 않은 (주)김가네는 '비싼 김밥집'이라는 인식이 커지면서 손님들이 빠져나가버린 것이다. "우리도 가

격을 조금이라도 내려야 되는 것 아니냐", "이러다 손님 다 **뺏기겠다**", "매출이 떨어져 죽을 맛이다"는 등 가맹점으로부터 온갖 민원이 속출했다. 그러다 보니 신규 가맹점 개설까지 주춤해졌다. 그러나 그는 고집을 꺾지 않았다. 가격으로 승부를 거는 것에는 한계가 있다고 생각했기 때문이다. 당장은 출혈이 크지만 맛과 품질을 중요시하는 고객은 언젠가 다시 돌아올 것이라며 가격을 내리지 않았다. 시간이 지나자 경제는 위기에서 벗어났고, 주머니 사정이 나아진 손님들은 예상했던 대로 다시 돌아왔다.

(주)더본코리아 백종원 사장은 "불황일수록 원가를 절감하지 말 것"을 강조한다. 100만 원어치 팔았을 때 10만 원 남았다고 해서, 매출이 90만 원으로 떨어졌는데도 10만 원을 남기기 위해 원가를 절감해서는 안 된다는 것이다. 식자재의 비용을 아끼면 크게 티가 나지는 않지만 손님들은 뭔가 변했다는 느낌을 받는다. 손님의 느낌이라는 것은 중요하다. 뭔가 달라졌다는 느낌이 들면 '변했다'는 생각에 발걸음을 돌리게 마련이다.

그가 말하는 진짜 원가 절감이란 마진의 축소다. 100만 원 매출이 90만 원으로 줄었는데 수익을 똑같이 가져가겠다는 생각은 옳지 않다는 것이다. 10만 원의 수입이 8만 원으로 줄었으니 원가 절감을 통해 나머지 2만 원의 수익을 채우겠다는 생각은 버리라고 말한다. 오히려 손님을 더욱 확보해 매출을 올리겠다고 생각해야 한다는 것이다. 불황은 언젠가 끝나기 마련이다. 그러니 오랫동안 식당을 운영할 생각이라면 소비자가 누릴 몫은 100퍼센트 그대로 누리게 해주는 것이 현

(주)더본코리아 홍콩반점0410

구준한 맛과 가격으로 사랑 받는 홍콩반점0410

명한 운영자의 자세라는 말이다.

그가 운영하는 홍콩반점0410의 경우, 2009년 밀가루 값이 많이 올랐을 때 다른 중국 음식점에서는 가격을 올리거나 가격을 유지하되 식자재값을 줄여 마진이 떨어지지 않도록 했다. 그러나 백 사장은 다른 전략으로 접근했다. 기존 가격은 그대로 유지하고 가격과 음식의 질에 변화가 없도록 식자재 역시 기존에 쓰던 것을 그대로 사용했다. 앞서 말한 것처럼 자신의 마진을 줄이기로 한 것이다. 결과는 예상대로였다. 맛이나 가격에 변화가 있는 다른 점포는 오히려 손님이 떨어진 반면, 이전과 다름없는 그의 점포에는 오히려 손님들이 줄을 서서 들어올 정도로 폭발적인 반응을 얻어 수익이 늘어난 것이다.

한번 수준이 높아진 소비자의 눈과 귀, 입맛은 좀처럼 내려오지 않는다는 사실을 명심해야 한다. 가격의 유혹은 달콤하지만 일시적이고 유통 기한이 짧다. 저렴한 가격으로 손님을 끄는 가게를 보고 부러운 마음에 덜컥 창업에 나서기보다는, 그 가게가 앞으로 남고 뒤로는 밑지지는 않는지 좀 더 꼼꼼히 따져봐야 할 것이다.

3

창업 후 최소 6개월은
수익을 기대하지 마라

창업을 하게 되면 손님이 와글와글 모여들고 테이블에는 빈자리가 없어서 줄을 서서 기다리는 점포를 상상하게 마련이다. 그러나 막상 뚜껑을 열어보면 안타깝게도 이러한 광경은 상상에 지나지 않는다. 경험이 없는 상태에서 처음부터 대박을 기대하는 것은 지나친 욕심이다. 이러한 욕심을 쉽사리 잠재우지 못하거나 조급해지면 성공은 남의 일이 될 가능성이 높다.

기적의 주인공들은 경험을 통해 창업 후 최소 6개월은 수익을 기대하지 말 것을 강조한다. 혹은 수익이 발생하더라도 점포나 메뉴 개발 등 재투자에 사용하라고 말한다. 시간이 지날수록 발전하는 모습을 보면 손님들은 믿음이 생기고, 재방문은 물론 '제대로 하는 집'이라는 입소문이 나면서 새로운 고객까지 몰려오기 때문이다.

버들골이야기 문준용 사장은 창업 초기에 미숙한 운영으로 많은 어려움을 겪었다. 한때는 장사가 너무 안 돼서 업종 전환을 고민한 적도 있었다. 그러나 지금의 어려움을 극복하지 못한다면 다른 일도 마찬가지라고 생각하고, 마음을 고쳐먹고 다시 제자리로 돌아왔다. 결국 손님들의 조언에 따라 다양한 노력을 기울인 끝에 성공을 거머쥘 수 있었다. 문 사장은 "1년까지는 매출의 기복이 심했다. 그러나 1년이 지나면서 단골손님과 충성 고객이 늘어났고, 계절과 상관없이 안정적인 매출을 기록할 수 있었다"고 털어놨다. "3년 정도 한자리를 지키면 손님 층은 물론 매출까지 탄탄해질 것"이라고 덧붙이기도 했다.

떡볶이전문점 신떡 이민화 사장의 의견도 다르지 않다. 그 역시 개업 후 6개월까지 초라한 성적을 기록했다. 너무 강렬한 매운맛에 사람들이 거부감을 보이는 등 부정적인 반응을 보인 것이다. 하루 매출이 10~20만 원에 그쳤지만, 그렇다고 맛에 변화를 주지는 않았다. 매운맛의 중독성이 언젠가 빛을 발할 것이라는 믿음이 있었기 때문이다. 그리고 떡볶이에 어울리는 다양한 메뉴를 개발했다. 6개월이 지나면서 거짓말같이 손님들이 들어오기 시작했다.

쌀국수전문점 호아빈의 박규성 사장도 마찬가지다. 그는 대중적이지 않았던 쌀국수, 상가 3층에 자리한 불리한 입지 등 총체적 난국 속에서 사업을 시작했다. 그가 믿는 것이라고는 '맛' 하나였다. 3개월 동안 수천 장의 무료 시식 쿠폰을 뿌리고 전단지를 돌리는 등 쌀국수에 익숙지 않은 사람들을 끌어들이기 위해 다양한 노력을 기울였다. 당장의 매출은 중요하지 않았다. 자리를 잡고 사람들에게 알려지는 것이 먼저라는 사실을 잘 알고 있었기 때문이다.

더후라이팬 이정규 사장도 6개월의 법칙을 기억한다. 사업 가능성을 확인하기 위해 번화가가 아닌 홍대 후문 주택가 골목에 점포를 마련한 그는 처음부터 장사가 잘되지 않을 것이라는 사실을 알고 있었다. 번화가가 아니다 보니 유동 인구가 뜸했고 알려진 브랜드도 아니었기 때문이다. 그는 당장의 매출보다는 재방문율을 높이는 것이 중요하다고 판단하고, 한 번 방문한 손님의 만족도를 높이기 위해 최선을 다했다. 맛과 멋의 질을 높이는 동시에 친절한 서비스를 제공했다. 그 역시 6개월이 지나면서 손님의 수가 점차 증가하기 시작했다.

(주)더본코리아 백종원 사장은 급하게 성공하려 들면 쉽게 망할 수

버들골이야기 매장

손님의 조언과 운영자의 꾸준한 노력과 인내로 결국 성공을 거머쥔 버들골이야기

있다고 경고한다. 새로운 식당이 생겼다가 얼마 지나지 않아 문을 닫는 것은 창업자가 너무 서두르기 때문이다. 성급한 창업자들은 준비했던 메뉴가 반응이 없으면 조바심을 낸다. 잘못된 점을 찾기 위해 이리 바꾸고 저리 바꾸며 변화를 주다 보면 처음과는 전혀 다른 콘셉트의 가게가 되어버리기 십상이다. 손님들은 오락가락하는 가게의 정체성에 발길을 돌리고 결국 실패라는 결과만 남는다. 유명하다는 맛집을 살펴보면 미련하다 싶을 정도로 우직하게 한 우물만 팠다는 공통점이 있다. 창업은 기다림이며, 인내심이 필요하다는 점을 명심해야 한다.

4

가맹점수 늘리는 비결은
고객 관리에 있다

2010년 7월, 프랜차이즈업계에 따르면 가맹점 숫자가 1,000개를 넘는 곳, 이른바 '1000클럽'에 가입하는 업체들이 점차 늘어나고 있는 것으로 나타났다. 대표적인 업종은 편의점이다. 가맹점 숫자가 가장 많은 브랜드는 '훼미리마트'로 전국에 4,930개의 점포가 개설되어 있는 것으로 나타났다. GS25(4,220개), 세븐일레븐(2,460개), 바이더웨이(1,590개), 미니스톱(1,580개) 등이 그 뒤를 따랐다. 외식업종에서도 1,000개 이상의 가맹점을 가진 브랜드가 부쩍 늘었다. 파리바게뜨는 2,400개를 돌파했고 BBQ, 본죽 역시 가맹점수가 각각 1,500개, 1,015개를 넘어서며 1000클럽에 입성했다. 1990년 국내에 처음 세탁편의점을 선보인 크린토피아 역시 가맹점 1,100여 개를 넘어섰고, 네네치킨도 1,000호점 돌파를 눈앞에 두고 있다.

프랜차이즈 본사의 입장에서 가맹점은 어떤 의미일까? 개설된 점포수는 성공 여부를 단적으로 표현한다고 해도 과언이 아니다. 가맹점수가 일정한 숫자를 넘어서면 지속적인 물류 수익이 발생해서 안정적인 수익이 창출된다. 그래서 프랜차이즈 가맹 사업 초기에는 가맹점수를 늘리기 위해 가맹비 무료 등의 파격적인 전략을 펼치기도 한다. 창업에 관심이 많아지고 구조 조정과 취업난 등 다양한 이유로 창업에 나서는 사람들이 증가하면서 프랜차이즈업계가 점차 확장되고 있다. 그러나 가맹점을 늘리는 일은 생각보다 쉽지 않다. 워낙 다양한 종류의 브랜드가 있고 점포 하나를 개설하는 데 들어가는 돈이 만만치 않다 보니, 창업자들의 태도가 신중해진다. 여기에 인터넷의 활성화로 창업 관련 정보 수집이 다양한 경로를 통해 이뤄지면서 본사를 대하는 태도 역시 여간 깐깐해진 것이 아니다. 그러다 보니 가맹점수 100개를 넘기는 일이 여간해서는 쉽지

가맹점 숫자가 가장 많은 편의점

가맹점수 1,500개를 넘어선 한 치킨전문점

또 다른 기적을 위하여

않다는 말이 나올 정도다.

다양한 이유로 창업에 나선 기적의 주인공들은 창업 시장에서 이슈가 됐고, 이슈를 만들어낸 주인공이다. 이들은 다른 업체에 비해 가맹점수를 단기간에 빠른 속도로 늘릴 수 있었다. 그 비결은 무엇일까? 의외의 곳에 공통점이 있었다. 창업자가 아닌 고객에 초점을 맞췄다는 점이다. 물론 넓은 범주에서 보면 고객 역시 예비 창업자로 볼 수 있다. 그러나 가맹점 개설을 염두에 두고 고객을 대한 것은 아니다. 순수하게 내 점포를 이용해주는 고객이 고마워서 더욱 친절하고 섬세한 서비스를 펼쳤을 뿐이라는 게 이들의 공통된 대답이다. 어찌 됐건 가맹점수를 늘리는 비결은 고객 관리에 있었던 셈이다.

치어스 정한 사장은 "가맹점을 살펴보면 충성 고객이 가맹점주가 된 사례가 많다"고 설명한다. 인근의 치어스 가맹점을 자주 이용하다가 '나도 한번 해보자'라는 생각이 창업으로 이어졌다는 것이다. 분당에서 출발해 용인과 수지 지역을 중심으로 개설된 가맹점은 서울을 비롯하여 다양한 지역으로 진출했다. 현재 운영 중인 가맹점 중 60~70퍼센트는 본점을 자주 이용하던 단골손님이 창업에 나선 경우다.

전업 주부에서 2004년 12월 치어스 구의점을 오픈한 진옥희 씨도 그런 사례다. 집 근처에 있어서 자주 들렀던 호프집이 치어스였다. 술집이라기보다 패밀리 레스토랑에 가까운 분위기였고, 맛있는 안주가 마음에 들었다. 시간을 두고 살펴보니 여자가 운영해도 괜찮을 것 같아 창업을 결정했다. 맥주전문점 운영 경험이 전혀 없었던 진씨는 본

> 6개월 동안 청소부터 설거지까지 허드렛일도 마다하지 않았다. 그러다 보니 별 홍보 없이도 고객이 몰려들었다. 🙄

치어스 구의점 진옥희 점주

진옥희 점주는 손님에서 가맹점주로 탈바꿈한 경우다.

점에 출근해서 하루 동안의 운영 과정을 꼼꼼히 살폈고, 2004년 겨울에 창업했다. 6개월 동안 청소부터 설거지까지 허드렛일도 마다하지 않았다. 열심히 일하는 모습과 안주 차별화 전략은 별다른 홍보가 없었는데도 고객을 끌어들였고, 월 평균 매출 5천만 원, 순수익 1,500만 원이라는 성공적인 결과를 이끌어냈다.

유가네닭갈비도 비슷하다. 권순용 사장은 "부산대학교 앞 1호점이 성공을 거둔 뒤 개설된 가맹점은 단골손님과 기존 가맹점주의 소개를 통해 문을 연 것이 대부분"이라고 설명했다. 물론 다양한 사람들이 가맹점을 문의했다. 경제위기 당시에는 직장을 잃은 샐러리맨들이 몇억씩 들고서 점포를 내고 싶다며 몰려들기도 했다. 그러나 그는 창업

유가네닭갈비 권순용 사장

권순용 사장은 가맹점수를 늘리는 것보다 망하지 않는 점포를 만드는 것이 중요하다고 말한다.

희망자 모두에게 가맹점을 내주지는 않았다고 한다. 그 무렵 한 창업 강좌에서 들은 강사의 말이 가맹 사업의 방향을 결정지었다. "프랜차이즈는 사업에 가속이 붙었을 때 가맹점 개설에 적극적으로 나서야 한다. 1년 안에 200개 가맹점을 개설했는데 100여 개가 살아남았다면 성공한 프랜차이즈 사업이다."

그러나 그의 생각은 달랐다. 가맹점 숫자가 중요한 것이 아니라 망하지 않는 점포를 만드는 것이 더 중요하다고 생각했다. 창업자들은 대부분 퇴직금이며 대출금 등 가지고 있는 돈 모두를 모아 창업에 나선 사람들인데, 내 이익만 생각하고 마구잡이로 가맹점을 낼 수는 없었다. 무분별한 개설로 망하는 점포가 생기면 그 책임은 누가 질 것인가? 그러니 가맹점수를 늘리는 것보다 문을 닫지 않도록 하는 것이 더욱 중요한 일이었다. 창업을 했다간 망할 것이 뻔해 보이는 창업자들은 다른 음식점에서 경력을 쌓고 다시 오든지, 아니면 택시를 모는 편이 차라리 나을 것이라며 돌려보냈다.

그리고 가맹점 개설보다 안정적으로 식자재를 확보하는 것이 중요하다고 판단하고, 2002년 경남 양산에 7억 원을 들여 1,815㎡ 규모의 대지를 매입해 식품 공장을 설립했다. 조리개발부를 두고 전문 연구원을 고용하여 과학적이고 체계적인 맛 개발에도 나섰다. 이후 닭고기와 양념 등 식자재 공급이 원활해지면서 가맹 사업을 본격적으로 시작했다. 1년 뒤인 2003년에는 서울 노량진에 215㎡ 규모의 점포를 개설했고, 이후 수도권에도 가맹점 개설이 활발히 진행되면서 경기도 화성에 120평 규모의 물류 센터도 마련했다. 지난해에는 물류 매출만 160억 원을 기록했고, 가맹점은 15년 동안 80여 개로 늘어났다. 권 사장은 전체 가맹점 중 60퍼센트가 유가네닭갈비를 잘 아는 사람들이라고 설명했다.

단골손님 여러 명이 모여 가맹점 개설에 나선 곳도 있다. 세계맥주 전문점 '와바'는 지난 2003년 9월에 서울 여의도점을 오픈하면서 공동창업이라는 새로운 방식을 만들었다. 사실 여의도점은 이효복 사장을 비롯하여 본사 직원 6명이 투자한 매장이다. 그런데 1년 만에 투자

공동 투자 창업이라는 새로운 방식을 도입한 와바

금을 회수하고 8퍼센트의 배당금이 지급되는 등 의외의 성과를 거두면서 새로운 창업 방식으로 인식되었다. 이후 지인들을 통해 공동 창업은 지속적으로 이뤄졌다. 도곡점은 모두 6명의 소액 투자자가 참여했는데, 중소기업 임원, 물류회사 직원, 자영업자 등 직업군도 다양했다. 10~20퍼센트씩 투자하여 총 5억 원이 투입됐는데, 각자 월평균 4퍼센트 안팎으로 비교적 높은 수익을 배분 받으면서 입소문이 나기 시작했다. 현재는 와바를 즐겨 이용하던 고객들까지 공동 창업에 참여하면서, 현재 20여 개의 매장이 공동 창업 형태로 운영되고 있다.

이렇듯 고객이 가맹점주가 되는 경우 브랜드를 이미 잘 알고 있는 상황이므로 본사와 돈독한 관계가 형성된다는 장점이 있다. 어려움이나 문제가 발생해도 반발하거나 냉정하게 대하기보다는 함께 문제를 해결하려는 태도를 보여서 큰 의지가 된다.

가맹점수를 어떻게 하면 손쉽게 늘릴 수 있는지 고민하고 있다면 당장 손님 챙기기에 나서라. 창업을 준비하면서 괜찮은 아이템, 브랜드가 고민이라면 평소 즐겨 이용하던 점포를 눈여겨봐라. 답은 생각보다 가까운 곳에 있다.

5

자존심은 집에 두고 출근하라

앞에서 성공 창업을 위해서는 '창업형 인간'이 되어야 한다고 강조했다. 창업형 인간이란 서비스형 인간이며 멀티플레이에 능수능란한 인간이다. 창업형 인간은 상대방을 제대로 만족시킬 줄 안다. 그러기 위해서는 나 자신은 한없이 낮춰야 한다. 즉, 자존심을 버려야 한다는 말이다.

(주)더본코리아 백종원 사장은 우연치 않게 식당을 인수하며 창업에 나섰다. 기왕 시작했으니 잘해봐야겠다는 생각으로 정신없이 나열된 메뉴를 쌈밥 하나로 정리하고 본격적으로 영업을 시작했다. 푸짐한 야채, 볶음쌈장, 대패삼겹살 등으로 구성한 쌈밥은 대박을 터뜨렸다. 그러나 일찍 찾아온 성공은 오히려 식당에 대한 열의를 누그러뜨리는 결과가 되었다. 시간이 지날수록 음식을 팔기보다 손님들의 심

부름을 해주고 있다는 생각이 들었던 것이다. 결국 식당 운영에서 손을 떼고 원래 하던 인테리어 사업으로 돌아갔다.

그런데 IMF로 건축 사업에 위기가 찾아왔다. 그리고 17억 원이라는 어마어마한 빚만 남긴 채 음식점으로 돌아왔다. 그가 떠나 있던 동안 대박을 터뜨렸던 쌈밥집도 만신창이가 되어 있었다. 계산을 해보니 20년은 벌어야 빚을 청산할 수 있을 것 같았다. 마음을 다잡고 쌈밥집으로 빚쟁이들을 불러 모았다. 빚을 갚을 테니 식당만은 남겨달라고 사정했다. 다행히 진심이 통했던지 빚쟁이들은 그대로 물러갔다. 그후로 식당을 운영하는 자세가 달라졌다. 진심으로 고마운 마음에 손님들에게 고개를 숙였고, 마음에서 우러나와 서비스를 베풀었다. 가격을 내리고 푸짐하게 서비스하자 손님이 점차 늘기 시작했다. 매출은 어느덧 예전 수준을 넘어섰고, 급기야는 손님들이 줄을 서서 기다리는 맛집으로 이름을 떨치기 시작했다.

(주)더본코리아 원조쌈밥집

" 또다시 실패할 수는 없었으니 자존심을 버렸다. 가진 것이 없었으니 줄 것이라곤 서비스뿐이었다. "

치어스 정한 사장

정한 사장은 남다른 서비스로 재기에 성공했다.

　백종원 사장은 식당을 운영하는 많은 사람들이 못해먹겠다며 장사를 접는 이유가 손님에게 자존심 상하고 마음을 다치기 때문이라고 말한다. 손님이었을 때는 자신이 매너 있는 손님이라고 생각하지만, 식당 주인이 되면 매너 있는 손님이 가볍게 나타내는 불만조차도 자존심 상하는 일이 된다. '식당이나 한다고 나를 우습게 본다', '별것도 아닌데 트집 잡는다' 등 별의별 생각이 다 들게 마련이다. 이런 자존심을 버리지 못하면 진심에서 우러나와 친절하게 서비스할 수 없다. 누구보다 손님이 먼저 안다. 그래서 주인의 자존심이 강할수록 그 가게는 오래 버티기 힘들다.

　치어스 정한 사장은 어려서부터 풍족한 환경에서 자랐기 때문에 다른 사람에게 머리를 숙일 일이 없었다. 그런데 인테리어 사업이 부도가 나면서 노숙자로 전락했고, 인생의 바닥까지 떨어지고 말았다. 우연한 일을 계기로 정신을 차리게 된 그는 창업 시장에 뛰어들었고, 태도를 180도 바꿨다. 또다시 실패할 수 없다는 생각에 자존심을 버린 것이다. 가진 것이 없었으므로 손님에게 줄 것이라곤 무형의 서비스가 전부였다. 어떤 일에도 늘 밝은 얼굴과 친절한 태도로 고객을 맞이했다. 작은 치킨집이지만 서비스가 남다른 곳이라는 입소문이 나면서 손님들이 줄을 서기 시작했다. 빈 테이블이 없으면 도로변에 신문지를 깔고 치킨을 먹기도 했다. 정 사장은 "경험으로 비춰 볼 때 창업은 입지보다 운영자의 마인드가 중요하다"고 말한다. 운영자가 어떠한 생각으로 음식을 만들고 손님을 대하느냐에 따라 성공 여부가 결정된다는 것이다.

살아남기 위해서는 손님을 돈으로 보는 장사꾼의 마인드가 아니라 오늘보다 나은 내일을 내다보고 계획하는 경영자의 마인드가 필요하다. 출근할 때 이러한 마인드는 잊지 않고 챙기되, 쓸데없는 자존심은 서랍장 속에 꼭꼭 숨겨두어야 한다.

6

초심을 잃지 마라

"초심을 잃지 않겠습니다!"

선거철만 되면 자주 들리는 말이다. 그렇다면 '초심'이 필요한 사람, '초심'이라는 말을 입에 담을 수 있는 사람은 과연 누구일까? 선거철이라면 당선된 사람이겠고, 보통의 경우라면 어느 정도의 시간이 흘러 성공을 거둔 사람, 안정적인 지위에 오른 사람이라 할 수 있겠다. 힘들었던 과거, 아무것도 가진 것이 없던 때, 아무도 아니었던 때를 돌아보며 지금의 성공에 만족하지 않고 앞으로 전진하기 위해 더욱 노력하겠다는 의지를 초심이라는 말로 표현한다.

창업 시장에서 초심은 더욱 중요한 의미를 지닌다. 이에 따라 사업의 영속성이 결정되기 때문이다. 필자가 만나본 기적의 주인공들은 대부분 초심을 잃지 않으려 노력하는 사람들이었다.

버들골이야기 문준용 사장은 초심을 잃지 않기 위해 오늘도 사무실이 아닌 이태원 매장으로 출근한다. 그는 어려웠던 시절을 잊지 않고 기억한다. 포장마차를 시작하고 장사가 너무 안 돼 잠시 업종 전환을 고민한 적이 있었다. 그래서 생활정보지에 나온 우동집 전수 창업 광고를 보고 이거다 싶어서 전수자를 찾았다. 전수자는 비용으로 60만 원을 요구했다. 당시 그가 가진 돈은 20만 원이 전부였다. 나머지는 벌어서 갚겠노라며 절박하게 매달렸다. 그러나 전수자는 매정하게 거절했다. 당시의 서러움을 그는 지금도 잊을 수가 없다. "그때 결심했죠. 성공하게 되면 딱한 사정으로 손 내미는 사람을 절대로 외면하지 않겠다고 말이죠."

시간이 흘러 이태원 매장이 안정권에 접어들자 그는 스스로와의 약속을 지키기 위해 나섰다. 인터넷 포털사이트에 개설된 포장마차를

버들골이야기 문준용 사장

문준용 사장은 아직도 매장을 지키는 이유가 초심을 잃지 않기 위해서라고 말한다.

준비하는 카페에 다양한 조언과 격려의 글을 남기기 시작한 것이다. 온라인에서 도움의 손길을 요청하던 사람들이 점포로 직접 찾아오기 시작했다. 도움을 요청하는 사람들이 하나둘 늘어나면서 자연스럽게 전수 창업이 이뤄졌다. 당시 전수 창업으로 제시한 조건은 단 두 가지였다. 집안의 가장으로 생계를 책임져야 하는 사람이어야 하고, 창업 후 500만 원 이상의 수익이 발생하면 삼겹살에 소주 한잔을 사야 한다는 것이다.

17명의 생계형 창업자가 그의 도움으로 버들골이야기 분점을 개설했다. 그러나 사람만 믿고 정으로 시작한 사업에 문제가 발생했다. 눈앞의 이익에 급급해서 정해진 매뉴얼(재료와 조리법 등)을 지키지 않고 마음대로 운영하는 점포가 생겨나기 시작한 것이다. 절박한 상황에서 벗어나자 처음의 약속과 다른 행동을 보이는 창업자들을 보며 충격을 받고 상처 받았다. 이는 사업 형태의 변화로 이어졌다. 정으로 개점이 이뤄지는 전수 창업이 아니라 철저하게 규정을 지켜야만 같은 브랜드를 내걸 수 있는 프랜차이즈 형태로 방향을 전환한 것이다. 프랜차이즈로 방향을 전환했지만, 양심적이고 인간적인 외식업을 진행한다는 마음에는 변함이 없다.

이태원 직영점에 하루도 빠짐없이 출근하는 것도 그러한 이유에서다. 23㎡ 점포에서 70여 개 가맹점, 7개 메뉴에서 30여 개의 메뉴로 늘어났지만, 그의 일은 창업 초기와 별로 달라진 것이 없다. 오히려 갈수록 치열해지는 경쟁 속에서 더욱 긴장하게 된다. 문 사장은 매장이나 메뉴의 수를 늘리는 것보다 메뉴와 서비스의 수준을 높이는 것이 프랜차이즈 본사의 역할이라고 생각한다. 또한 가맹점주가 본사에 기대지 않고 스스로 일어설 수 있도록 제대로 된 장사꾼으로 만드는 것 역시 필요하다고 말한다. 그래서 그를 비롯한 본사 직원들은 자신의 부모형제가 창업한다는 마음으로 가맹점을 개설하고 있다.

떡쌈시대 이호경 사장은 초심을 잃은 탓에 큰 실패를 경험했다. 9천만 원을 가지고 신촌에 '꿈터'라는 고깃집을 열어 대박을 터뜨린 그는 서울의 중심인 종로로 진출했다. 매장 규모도 배 이상 넓혔다. 그러나 기대와 달리 결과는 참담했다. 초심을 잃은 결과였다. 손님을 돈으로 보기 시작하면서 메뉴 개발에 게을러졌고, 고객의 소리에도 귀를 기울이지 않았다. 정신이 번쩍 든 이 사장은 우선 마음을 다잡기 위해 한발 물러서기로 했다. 가게를 지인에게 맡기고 다시 직장으로 복귀했다. 그리고 객관적인 시선에서 실패 원인을 분석했다. 그리고 다시 일어설 방법을 고민했다. 우연한 기회에 떡피를 개발하게 됐고 다시 재기에 나섰다. 삼겹살에 싸 먹을 수 있는 적당한 크기와 반죽의 떡피가 만들어지면서 상호를 '떡쌈시대'로 바꿨다. 점포 개선 작업에도 돌입했다. 고객 편의를 고려해서, 조금이라도 매출을 올리기 위해 복잡하게 채워놨던 테이블을 절반으로 줄였다. 마음을 비우는 의미에서 재개업 시에도 전단지 한 장 돌리지 않았다. 그런데도 손님이 밀려들기 시작했다. 신촌에서 처음 창업했을 때처럼 설레는 마음과 긴장된 자세로 손님을 맞았기 때문이다. 떡쌈시대는 다시 상승곡선을 그리기 시작했다.

유가네닭갈비 권순용 사장의 초심은 소비자뿐만 아니라 가맹점과

거래처에도 고스란히 적용된다. 2004년 조류독감이 등장했을 당시 소비자들이 닭고기를 외면하면서 매출이 크게 떨어졌다. 손님의 발걸음이 줄어들면서 매입 가능한 닭고기 양도 크게 줄었다. 그러나 힘들고 어려운 상황에 처한 것은 권 사장뿐만이 아니었다. 농가 및 닭고기 가공·생산 업체는 더욱 힘든 상황이었다. 1킬로그램에 3,300원 하던 닭이 600원까지 떨어졌다. 그는 오랫동안 함께 일해온 거래처를 외면할 수 없었다. 눈 딱 감고 닭고기 5억 원어치를 매입했다. 그런데 얼마 지나지 않아 조류독감 파동이 잠잠해지더니, 닭고기 값이 서서히 오르기 시작했다. 그리고 곧 폭등세로 돌아섰다. 값이 바닥일 때 많은 양을 매입했으니 시세에 따라 가맹점에 고기를 납품하면 큰 차익을 얻을 수도 있었다. 그러나 이번에도 가맹점의 입장에 섰다. 폭등 전 가격으로 가맹점에 닭을 공급해준 것이다. 이로 인해 가맹점으로부터 신뢰를 얻었음은 물론이다.

그 후로 문제가 발생하더라도 가맹점에서는 그에게 전폭적인 지지를 보냈다. 모든 게 초심을 잃지 않은 결과였다. 권 사장은 가맹점에도 초심으로 돌아갈 것을 요구한다. 그래서 예전에 비해 많이 느슨해진 서비스 교육을 다시 실시하고 있다. 권 사장은 이를 통해 초창기의 폭발적이었던 명성을 다시 찾게 될

유가네닭갈비 교육 현장

서비스 교육은 느슨해진 마음을 다시 다잡을 수 있는 계기가 된다.

것을 기대하고 있다.

2000년 중반, 창업 시장에 신생 고기 프랜차이즈업체가 등장하면서 짧은 기간 동안 많은 가맹점을 개설하며 돌풍을 일으킨 적이 있었다. 젊은 사장의 패기와 열정에 창업자는 물론 소비자들도 많은 관심을 보였다. 그런데 급속한 성장세를 보이던 그 업체는 어느 순간부터 업계는 물론 기자들에게까지 좋지 않은 평판이 나기 시작했다. 규모가 커지면서 사장의 태도가 변했다는 것이다. 겸손하고 온화했던 그는 안하무인에 건방진 모습으로 바뀌어 있었다.

그 회사는 승승장구했을까? 안타깝게도 그렇지 않았다. 쫓겨나듯 퇴사한 직원들이 5~6개의 유사 브랜드를 만드는가 하면, 가맹점주들까지 이탈해서 새로운 브랜드를 론칭해 더욱 치열한 경쟁 상황이 연출되었다. 초심을 잃은 결과는 참담했다. 그는 최근 와신상담의 자세로 새로운 브랜드를 론칭하고 현재까지 좋은 반응을 얻고 있다. 업계에서는 그가 이전과 같은 전철을 밟지 않는다면 새롭게 도약할 수 있을 것이라 내다보고 있다. 부디 좋은 결과가 있길 바란다.

7

아낌없이 베풀면
아낌없이 돌려받는다

'가는 말이 고와야 오는 말이 곱다'는 속담이 있다. 먼저 남에게 잘 대해주어야 남도 잘 대해준다는 말이다. 이 속담을 창업 시장에 적용한다면 '아낌없이 베풀면 아낌없이 돌려받는다'가 아닐까 싶다. 그러나 많은 창업자들은 원가와 비용 등을 따져가며 계산기를 두드려보고, 퍼주는 서비스에 고개를 내젓는다. 수지타산을 따져보면 도저히 퍼줄 수가 없다고, 요즘 같은 불경기에 말도 안 되는 얘기라며 일축하고 만다. 반면 손님이 문전성시를 이루는 곳을 살펴보면 아낌없이 퍼준다는 공통점이 있다. 과연 어느 쪽이 맞는 얘기일까?

'아낌없는 서비스' 하면 서울 강남구 잠원동의 먹자골목에 위치한 198㎡ 규모의 소갈빗살 숯불구이점 '풍년집'이 떠오른다. 이곳은 최근의 경기 침체에도 불구하고 월 매출 3천만~3,500만 원을 꾸준히 기록하는 소문난 음식점이다. 맛있는 갈빗살도 그렇지만, 풍년집의 트레이드마크는 단연 송복순 사장의 푸짐한 인심이다.

송복순표 인심을 얘기하자면 풍년집의 역사를 거슬러 올라가야 한다. 10여 년간 평범한 주부이던 송 사장은 남편의 사업이 어려워지면서 아르바이트로 친구가 하는 식당에서 일을 돕다가 식당을 인수했다. 그러면서 메뉴를 바꿨는데, 당시 그가 택한 메뉴는 인근 직장인을 대상으로 한 3,500원짜리 가정식 백반과 1인분에 6,000원 하는 저렴한 소갈빗살이었다. 평범한 아이템이지만 정성과 푸짐한 인심으로 차별화를 선언했다. 국과 찌개의 종류를 매일 바꾸었고, 반찬도 푸짐하게 6가지를 준비했다. 식후에는 따끈한 누룽지를 제공하고, 밥은 얼마

66 장사 10배 남을 수도 있고 밑져서 망할 수도 있다. 고객을 돈으로만 보면 오래가지 못한다. 99

풍년집 송복순 사장

송복순 사장은 푸짐한 인심으로 강남에서 손꼽히는 맛집을 만들었다.

든지 더 먹을 수 있도록 했다.

어머니의 손맛이 가득한 백반을 맛본 직장인들의 반응은 폭발적이었다. 입소문이 나면서 점심시간이면 손님들이 줄을 길게 늘어서는 진풍경이 펼쳐졌다. 점심의 열기는 저녁에도 이어졌다. 수입육이라도 최상위 등급의 고기만을 사용했고, 주문과 동시에 즉석에서 양념했다. 남성들을 위해 내놓은 무침상추도 인기였다. 냉면 그릇에 담겨 나오는 무침상추에 젓가락만 사용해 고기를 싸 먹는 방식이어서, 손을 적시지 않아도 된다며 남성 고객들의 반응이 아주 좋았다.

남들은 어렵다는 상황이었지만 넉넉한 인심과 다양한 노력으로 오히려 가게의 규모를 넓힐 수 있었다. 송 사장은 "장사란 10배 남을 수도 있고 밑져서 망할 수도 있다. 고객을 돈으로만 보면 오래갈 수 없다. 넉넉한 인심이 고객을 불러온다는 사실을 명심해야 한다"고 충고한다. 평범하지만 정곡을 찌르는 진리인 셈이다.

(주)더본코리아 백종원 사장은 마진율을 조금만 줄이면 넉넉한 인심을 베풀 수 있다고 귀띔한다. 홍콩반점0140의 짬뽕은 3,500원이다. 해물이며 돼지고기, 야채, 홍합까지 듬뿍 넣고 즉석에서 조리한다. 물론 일반 중국집처럼 장사하면 적자다. 그러나 그는 100그릇, 1,000그릇 팔 때를 생각하고 업그레이드를 시도하여 다른 식당과 차별화된 메뉴를 만들었다. 그리고 짬뽕 하나만 하는 전문점을 내세웠다. 마진율이 적은 대신 손님들이 줄을 서서 들어오며 흑자가 났고, 이름난 전문 식당이 됐다. 같은 가격에 내용물을 더 주면 "이 집은 같은 가격인데도 더 푸짐하네"라고 느끼고 만족도가 올라간다. 그러면 더욱 많이

팔 수 있으니, 성공은 따놓은 당상이다.

그는 분식점과 같이 메뉴가 많은 식당을 리모델링할 때에도 메뉴를 몇 가지로 줄이라고 조언한다. 메뉴가 적으면 일하기도 쉽고 단가도 내려가기 때문이다. 메뉴를 줄이면서 다른 집과 차별화해서 업그레이드하면 소문도 빨리 난다. 예를 들어 똑같은 라면에 튀김 하나, 야채 한 주먹이라도 더 넣어주고 카레라이스에는 야채나 고기 같은 건더기를 많이 주는 것이 손님들의 만족도를 높이는 비결이다.

유가네닭갈비 권순용 사장도 넉넉한 인심을 강조한다. 그는 언제나 고객이 원하는 만큼, 고객이 오케이 할 때까지 서비스하려고 노력한다. 닭고기와 밥을 볶아주는 닭야채볶음밥은 1996년에 오픈할 당시 가격이 2,500원이었다. 거기에 음료수 한 병까지 서비스로 줬다. 현재 가격은 3,500원이다. 10년이 훨씬 넘는 세월을 고려할 때 결코 많이 오른 게 아니다. 저렴한 가격에 넉넉한 양을 주지만 종업원들이 물을 직접 가져다주는 것은 물론 테이블에서 밥을 직접 볶아주는 서비스도 실시해서 만족도를 높이고 있다. 지금도 닭야채볶음밥은 주머니가 궁핍한 학생들에게 최고 먹을거리로 꼽힌다.

장충동왕족발 신신자 사장도 아낌없는 서비스로 적자 매장을 매출 1위 가맹점으로 바꿔놨다. 점포 위치를 잘못 선택해서 손님의 발걸음이 뜸하자, 그는 손님이 스스로 찾아오는 가게를 만들자고 마음을 먹었다. 가게를 찾은 손님에게 무조건 예스를 외치고, 나아가 손님의 마음을 먼저 헤아려 서비스를 펼쳤다. 그러자 음식이 맛있고 서비스까지 좋은 곳이라고 소문이 나면서 손님이 늘어나기 시작했다. 모두가 어렵다는 IMF 때는 오히려 장사가 잘됐다. 다른 곳은 양을 줄이기 급급했던 반면, 양을 푸짐하게 늘려 만족도를 높였던 것이다. 직원들은 적자를 걱정했지만 주문이 늘어나면서 매출도 덩달아 올랐고, 결과적으로 수익도 늘어났다.

유가네닭갈비 메뉴

한국은행에 따르면 서브프라임발 경기 하강이 본격화한 2008년 4분기에만 전국음식업중앙회에 속한 음식점 중 5만 6,000여 곳이 휴업하거나 폐업했으며, 2009년에도 2만 곳 이상이 문을 닫았다고 한다. 이렇듯 모두가 불황으로 고통을 호소하는 때에도 여전히 손님들이 줄을 서며 성업 중인 식당도 있다. 특별한 마케팅을 하는 것도 아니고 인테리어가 훌륭한

장충동왕족발 메뉴

것도 아니며 서비스가 뛰어난 것도 아닌데 손님들의 발길은 이어진다. 불황에도 줄을 서는 이 음식점의 비밀은 과연 뭘까? 소비자들은 좋은 식재료를 쓰면서도 여전히 변함없는 가격을 고수하는 것에 신뢰가 간다며 높은 점수를 준다. 불경기일수록 식당 주인들은 원가에 대한 압

박을 받게 마련이다. 그렇다고 무조건 가격을 낮추거나 지나친 서비스를 주기보다는 가격 대비 만족도라는 합리적인 소비 성향에 맞춰 대응하는 것이 바람직한 전략이 될 것이다.

8

창업 시장의 화두는 웰빙

최근 서울에서 열린 각종 창업 박람회를 살펴보면 업종을 불문하고 '친환경'과 '웰빙'이 대세를 이루고 있는 것을 알 수 있다. 친환경 소재를 가지고 만든 상품을 비롯해 화장품, 유기농 식품 등 그 분야도 점차 확대되고 있는 추세다. 지난 2000년 이후 웰빙 트렌드가 출현하면서 친환경과 관련한 다양한 아이템들이 주요 관심사로 떠오르고 있는 것이다. 해외에서는 집에서 야채와 같은 먹을거리를 재배해서 먹는 것이 유행할 정도다. 직접 유기농으로 길렀기 때문에 믿고 먹을 수 있고 생활비 절감에도 도움을 주기 때문에 이러한 가정이 조금씩 늘어나고 있다고 한다.

우리나라에서 친환경식품 판매점의 증가 속도만 봐도 '웰빙'에 대한 관심을 알 수 있다. 2001년에는 400여 개에 불과했던 친환경식품 판

창업 박람회장

매점은 그 수가 꾸준히 늘어 현재 1,000여 개를 훌쩍 넘어선 상황이다. 한국농촌경제연구원에 따르면 지난해 1조 3천억 원대이던 친환경농산물 시장 규모는 지난해 1조 6천억 원을 기록한 데 이어 2010년에는 3조 원 이상으로 커지리라 내다보고 있다. 양보다 질을, 맛보다 건강을 우선시하는 소비자들 역시 친환경식품 사업의 전망을 밝게 비추고 있다. 이러한 친환경·웰빙 바람은 2010년은 물론 이후에도 지속될 것으로 보인다.

창업 시장 역시 웰빙 바람을 비켜 가지 않았다. 영철버거 이영철 사장은 '거리의 빵'이지만 품질만큼은 최고로 유지하려 했다. 학생들이 먹는 빵이니만큼 부모의 마음으로 정성껏 햄버거를 만들었다. 아무리 채소 값이 비싸더라도 채소 양을 줄이지 않았고, 맛과 영양 면에서 충실한 식사가 될 수 있도록 최선을 다했다. 값이 저렴한 버거를 찾는 사람들이 여전히 많지만, 소비자들의 입맛이 까다로워지면서 다소 비싼 블랙홀치즈버거, 블랙홀치킨버거 등을 찾는 고객도 점차 늘어나는 추세다. 업그레이드한 버거는 건강을 생각해 밀가루가 아닌 여러 곡물을 갈아 만든 빵을 사용한다. 양질의 재료를 사용하면 원가 부담이 높아지지만, 그는 최소 비용만 남긴다는 전략을 고수한다.

천연화장품전문점 아로마포미 역시 웰빙 바람을 타고 꾸준한 성장세를 그리고 있다. 김삼수 사장은 지금은 천연화장품 전문가가 되었지만, 10년 전만 해도 천연화장품은커녕 일반 화장품에 대해서도 전혀 아는 게 없는 평범한 공무원이었다. 아토피로 고생하는 아이 때문에 천연 아로마 화장품을 접하게 됐고 부인이 이를 부업으로 삼으면서, 그 역시 자연스럽게 천연화장품에 관심을 가지게 됐다. 제품 대부분이 수입품이다 보니 제품명이나 사용법 등이 익숙지 않아 처음에는 실수도 많이 했다. 한 번은 샴푸를 바디크림인 줄 알고 판매했는데, 그 손님이 "지난번 구입한 바디크림이 좋더라"며 다시 찾아오기도 하는 웃지 못할 해프닝도 있었다. 시간이 지나면서 제품에 대한 정확한 내용을 숙지하고 차별화된 서비스를 펼쳤다. 이후 경기 지사를 맡았다가 본사 사정이 어려워지면서 가맹점주였던 그가 거꾸로 본사를 인수했다. 안정적인 제품 공급을 위해 제조업체를 방문해 직거래 계약을 맺었고, 지금은 자체 브랜드 제품인 유어바디도 생산하고 있다.

장충동왕족발 신신자 사장도 건강을 중시하는 분위기가 확산되면서 새로운 아이템 개발에 나섰다. 수출용 비빔밥을 만들어낸 것이다. 족발 회사에서 비빔밥을 출시하는 것이 다소 생뚱맞다고 할 수 있지만, 예전부터 인체에 해가 없고 건강에도 좋은 웰빙 음식에 관심을 가졌다. 3년 동안의 연구 개발을 통해 완성된 비빔밥은 조리가 아닌 독특한 포장법을 통해 장기간 맛이 유지되도록 했다. 일본에서는 벌써부터 좋은 반응을 얻고 있다.

고기 전문가인 다하누 최계경 사장 역시 웰빙 바람과 더불어 고기를 통한 건강식에 초점을 맞췄다. 그래서 2009년 10월부터 육회를 전문으로 하는 외식 프랜차이즈를 시작했다. 최 사장은 "1970년대는 푸짐한 양, 1980년대는 싼 가격, 1990년대는 맛, 2000년대에는 건강식이 소비자를 사로잡고 있다. 죽전문점도 이러한 트렌드에 맞춰 성공을 거둔 사례라고 볼 수 있다. 육회는 고급 건강식으로 이제 도입기에 들어선 상태이며, 앞으로 한차례 정리 기간을 거친 뒤 경쟁력 있는 브랜드만 살아남아 소비자에게 꾸준히 사랑 받을 것"이라며 자신감을 내비쳤다.

다하누의 육회전문점 '유케포차'는 소의 엉덩잇살을 활용하고 있는데, 현재 20여 개의 가맹점을 개설한 상태다. 일반 고깃집에서 육회

" 2000년대에는 건강식이 대세다. 육회는 고급 건강식으로, 경쟁력 있는 브랜드는 소비자에게 꾸준히 사랑 받을 것이다. "

다하누 최계경 회장

최계경 회장은 웰빙 트렌드에 초점을 맞춰 유케포차라는 육회전문점을 열었다.

를 먹으려면 보통 3만 5,000~4만 원 정도 내야 하는데, 산지에서 곧바로 고기를 공급하는 방식으로 가격을 1만 5,000원으로 대폭 낮췄다. 또 육회뿐만 아니라 한우어묵, 한우떡갈비, 한우육회주먹밥 등 메뉴를 다양화해 여성 고객층 확보에도 나서며 좋은 성과를 거두고 있다. 서울 논현점과 신촌점의 경우 50퍼센트 이상이 여성 고객이며, 규모가 작은데도 하루 평균 50~60만 원의 매출을 기록할 정도로 성적이 좋다. 다하누촌은 이와 함께 한우 뼈를 이용한 곰탕전문점과 스테이크전문점도 곧 선보일 예정이다.

건강식에 대한 관심이 커지면서 관심을 받지 못했다가 새롭게 살아난 아이템도 있다. 바로 쌀국수전문점이다. 쌀국수는 1990년대 무렵 우리나라에 처음 도입됐다. 독특한 맛과 향으로 사람들의 관심을 끌긴 했지만, 소수 마니아층을 중심으로 명맥만 유지할 뿐 대중화되지는 못했다. 이후 프랜차이즈 가맹점을 필두로 다양한 전문점이 생겨났지만 한국인의 입맛을 잡는 데 실패하면서 여전히 어려움을 겪었다. 그러나 해외여행이 보편화되면서 베트남, 동남아 등 현지에서 쌀국수를 맛본 여행객들이 쌀국수전문점을 찾기 시작했고, 여기에 웰빙바람이 가세하면서 쌀국수전문점은 음식점 창업의 주요 아이템으로 자리 잡기 시작했다.

호아빈 박규성 사장은 이러한 트렌드를 일찌감치 간파하고, 정향, 팔각, 계피 등 11가지 한약재를 적정 비율로 혼합해 우리나라 사람들이 거부감을 보이는 강한 향신료의 향을 잡았다. 한약재를 사용하다 보니 몸에 좋은 웰빙 쌀국수라는 이미지가 굳어졌고, 점포 입지가 다소 떨어지는 곳에서도 성공을 거뒀다. 이후 서울 시청점 역시 성공을 거뒀고 이용객들을 통해 가맹점 개설은 자연스럽게 이뤄졌다.

호아빈은 3년 만에 전국 쌀국수 프랜차이즈 매장 수 1위를 기록했다. 단시간에 가맹점수가 급격히 늘어날 수 있었던 것은 다른 쌀국수 전문점에 비해 합리적이고 융통성 있게 조건을 내걸었기 때문이다. 다른 점포의 경우 큰 규모로 최상급 입지에만 개설하도록 하는 까다로운 조건을 내걸었지만 그는 문턱을 낮췄다. 소규모 점포로도 창업이 가능하도록 하고. 쌀국수 가격도 낮춰서 가격 경쟁력을 높였다.

그리고 쌀국수의 핵심 재료인 육수를 공장에서 생산하여 완제품으로 공급하는 방식을 택했다. 다른 브랜드의 경우 가맹점에 레시피를 제공하는 방식을 택하고 있는데, 운영자가 매장에서 직접 육수를 끓

호아빈 매장

노란색이 대중적이었던 쌀국수 시장에 초록색을 등장시킨 호아빈 매장

여야 해서 인건비는 물론 시간이
많이 걸리는 단점이 있다. 또 점
심 장사를 위해 전날 1차로 육수
작업을 하고, 다음 날 아침부터
매장에 나와 육수를 끓이는 것은
여간 힘든 일이 아니다. 이렇듯,
인건비와 시간의 절약 등 편의성
은 물론 맛의 표준화까지 잡으면
서 운영자의 만족도는 더욱 높아
졌다.

베트남을 떠올리는 대나무를 적극적으로 활용한
것이 맞아떨어졌다.

또한 인테리어도 차별화했다. 쌀국수전문점은 노란색 간판이 대세
였지만, 그는 초록색을 선택했다. 이는 베트남 하면 떠오르는 대나무
의 초록색 잎에서 힌트를 얻은 것이다. 이와 더불어 매장에는 베트남
풍경 사진과 전통 의상을 입은 사람들의 사진을 걸어서 베트남 현지
와 같은 느낌이 들도록 했다.

제조 시설뿐만 아니라 물류 유통 시스템도 갖추면서 지난해에는 세
컨드브랜드 '멘무샤'를 출시했다. 멘무샤는 일본라멘전문점인데, 라멘
역시 현지인이 즐기는 특유의 느끼한 맛을 줄이고 한국인이 좋아하는
담백하고 깔끔한 맛을 내는 데 중점을 뒀다. 라멘은 쌀국수보다 생소
한 시장이지만 쌀국수처럼 단골과 마니아층을 공략하면서 사업을 확
대해갈 계획이다. 현재 호아빈 1호점 자리에 들어선 멘무샤 1호점을
비롯하여 9개 점포가 개설됐다. 영등포 타임스퀘어점의 경우 월매출

9천만 원을 기록하고 있다. 지난해 오리엔탈푸드코리아(주) 매출액은 100억 원을 넘겼다. 그리고 지금은 중국의 탄탄면을 주 메뉴로 하는 서드브랜드를 계획하고 있다. 건강까지 고려하는 최고의 면 전문 기업을 꿈꾸고 있는 것이다.

이처럼 앞으로는 건강과 환경을 함께 고려하지 않고서는 창업 시장에서 성공을 거두기가 점차 어려워질 것이다. 치킨전문점에서 사용하는 기름을 가지고 왈가왈부하는 것도, 패스트푸드점에서 야채 사용량을 늘리고 좀 더 가벼운 칼로리의 제품을 개발하는 것도 같은 맥락으로 볼 수 있다. 갈수록 복잡해지는 창업 시장을 보고 풀이 죽을 필요는 없다. 시장이 세분화되고 복잡해지는 만큼 특화된 경쟁력을 가지고 틈새를 공략한다면 나 또한 기적의 주인공이 되지 말라는 법은 없다.

호아빈 세컨드브랜드 멘무샤

호아빈의 세컨드브랜드 일본라멘전문점 멘무샤. 맛과 건강을 고려한 라멘으로 시장을 확대할 예정이다.

10평의 기적 속에
삶의 희로애락이 숨어 있다

필자가 창업 기자로 일을 시작한 지 올해로 7년째에 접어든다. 처음에는 여느 예비 창업자들처럼 '창업'이라는 낯선 세계에서 무엇을, 어떻게, 어디에서부터 시작해야 할지 몰라 발을 동동 굴렀다. 그래도 기사는 써야 했기에 맨 땅에 헤딩하는 수밖에 없었다. 유명 프랜차이즈 CEO들과 창업 컨설턴트들이 펴낸 창업 관련 서적은 필독서였다. 밖으로 나가면 눈을 크게 뜨고 여기저기 머리부터 들이밀었으며, 닥치는 대로 현장을 헤집고 다녔다. 요즘 뜬다는 프랜차이즈 본사를 방문해서 사업 설명을 들어보고, 창업 컨설팅 회사에서 진행하는 설명회에서 전문가와 예비 창업자를 만나 다양한 얘기도 들었다.

다양한 브랜드가 한자리에 모인 창업 박람회는 신비의 나라 그 자체였다. 외식 브랜드 부스 앞에서는 다른 관람객들과 마찬가지로 줄을 서서 고기, 꼬치, 소시지, 떡볶이, 순대 등 먹을거리를 받아든 채 흐뭇해했고, 독특한 아이템을 만나면 이것저것 질문을 던지기도 했다. 주류 박람회에서는 와인 잔을 들고 가장 대중적인 와인부터 평상시에는 맛보기도 어렵다는 최고의 와인까지(이름이 워낙 생소해서 기억나지는 않지만, 값으로 따지자면 한 모금이 1만 원꼴이라고 했다) 맛봤다. 한 모금씩 시음했는데도 업체 수가 워낙 많다 보니 나중에는 취기가 올라 비틀거렸던 기억도 있다. 우리나라 대표 주류 회사에서 진행하는 1박 2일 창업 투어에 참여하기도 했고, 소상공인진흥원에서 진행하는 창업 강좌에도 참여했다.

그 시간 동안 얻은 가장 큰 수확은 창업 시장을 구성하는 다양한 사람들을 만날 수 있었다는 사실이다. 유명 창업 컨설턴트를 비롯해 프랜차이즈 CEO, 성공 가맹점주, 독립 점포 성공 운영자, 인테리어 전문가, 심지어 실패를 경험한 사람들까지 말이다. 일주일에 평균 두 사람 정도를 만났다고 하면 한 달 평균 8명을 만난 셈이고, 1년이면 100여 명, 7년의 세월이 흘렀으니 약 700여 명에 가까운 사람들을 알게 된 셈이다.

사람들을 만나면서 내공도 쌓였다. 처음에는 초보 창업자와 마찬가지로 '성공'이라는 간판을 내건 업체들이 건실한 곳인지 아닌지 구별하기가 쉽지 않았다. 창업 컨설턴트들도 마찬가지였다. 시간이 지나서야 알게 된 사실이지만 전문가들도 100퍼센트 신뢰하기는 어려웠다. 되지도 않은 업체를 추천해서 긴가민가 헤매게 만들었고, 검증을 요청하면 "판단은 기자가 하라"며 핀잔을 주기도 했다. 기사가 나간 뒤에야 속았다 싶은 업체도 있었다. 반면 제대로 된 성공 창업자를 만나면 그들의 드라마틱한 성공 스토리에 정신이 팔려 시간 가는 줄도 모르고 몇 시간씩 이야기를 나누기도 했다.

그렇게 좌충우돌하면서, 처음 일을 시작할 때 30대 초반이었는데 지금은 30대 중반을 넘어 후반에 가까워지고 있다. 어리바리했던 7년 전에 비하면 다양한 경험을 통해 창업 시장에 대해 좀 알게 된 것도 같다. 어떤 때는 프랜차이즈업체 관계자들처럼 능글능글해진 모습에 스스로 깜짝 놀라기도 한다.

가장 곤란할 때는 주변에서 "요즘 어떤 아이템이 좋아요? 뭘 해야 돈 좀 벌

수 있을까요?"라고 질문할 때다. 7년이나 창업 시장에 몸담고 있는데도 그런 질문을 들으면 속 시원히 대답하기가 힘들다. 솔직하게 말해 '잘 모르겠다'.

창업 시장은 너무 복잡하고 경쟁이 치열한 데다 환경은 시시각각 변하고 있다. 이게 정답이다 싶었는데 시간이 지나면 답이 달라지는 경우도 허다하다. 정말 괜찮다고 생각했던 아이템인데 불과 2년도 지나지 않아 폐점하거나, 선수라고 생각했는데 사업을 말아먹고 해외로 도피한 대표자도 있다.

이런 상황에 10평 내외의 작은 규모에서 놀라운 기적을 만들어내고 이를 가맹 사업으로까지 확대해서 장수 기업으로 만들어가고 있는 프랜차이즈 CEO들을 만나보니, 정말 대단하다는 생각이 들었다. 그들은 하나같이 맨손으로 시작해서 수백 개 또는 1,000여 개가 넘는 가맹점을 세웠고, 모두가 실패하지 않고 훌륭히 성장할 수 있도록 관심과 애정을 쏟고 있다.

창업을 계획하는 사람들은 '손 안 대고 코 풀기'를 원한다. 그러나 카운터에 앉아 계산만 하면서 수백만 원에서 수천만 원의 수익을 벌어들이는 사람은 없다. 성공 창업자들은 그들이 흘리는 땀과 눈물만큼 수익을 거둔다. 선배 창업자들은 하나같이 "창업은 운영자가 할 탓"이라고 입을 모은다.

이 책에 소개된 기적을 이뤄낸 주인공들은 "창업은 생물과 다름없다"고 강조한다. 얼마나 애정을 가지고 관리하느냐에 따라 성장 속도가 달라지고 열매의 크기와 당도도 달라지므로, 운영자의 관심과 애정이 없는 점포, 운영자가 좀처럼 붙어 있지 않는 점포는 생명이 길지 않는 것이다. 그들은 여러 번의 성공과 실패를 겪으며 쌓인 노하우를 바탕으로 효율적인 시스템을 만들어냈고, 창업자들에게 시스템 활용에 대한 대가(가맹비)를 받고 실패 확률을 조금이나마 줄여준다. 그런 점에서 프랜차이즈 창업은 긍정적이다.

그러나 동전에도 양면이 있듯이 긍정적인 면이 있으면 부정적인 면도 있게 마련이다. 가맹사업이 100퍼센트 성공을 보장하지는 않는다. 개성이 다른 가맹점주 한 사람 한 사람을 모두 만족시킬 수도 없고, 본사와 가맹점이 계약 관계에 묶여 있다 보니 반드시 지켜야 할 원칙이 있는데 이를 지키지 않아 문제가 발생해서 분쟁이 일어나기도 한다.

가장 현명한 방법은 자신이 원하는 업종과 아이템을 선택하는 것이다. 평양감사도 저 하기 싫으면 그만이다. 아무리 전망이 밝고 '성공은 따놓은 당상'이라는 아이템도 관심이 없고 적성에 맞지 않으면 성공이라는 결과로 이어지기 어렵다. 운이 좋아 성공했다 하더라도 장수할 수 있을지 의문스럽다.

자신이 원하는 아이템을 선택했다면 여러 경로를 통해 정보를 수집하고 꼼꼼하게 분석해서 옥석을 가려내야 한다. 인터넷의 발달로 과거에 비해 이러한 작업은 많이 수월해진 편이다. 선배 창업자들의 이야기를 들어보는 것도 상당한 도움이 된다. 그리고 선택했다면 집중해야 한다. 본사에 대한 신뢰를 바탕으로 사업에 온 힘을 기울여야 한다는 말이다. 이때 본사에 대한 의존도를 높이는 것보다 자생력을 키우려 노력해야 한다는 점을 명심하자.

인터뷰를 진행하면서 수시로 감탄했고, 때로는 눈물을 흘리기도 했으며, 인간적으로 친해지고픈 CEO를 만나기도 했다. 반면, 생각했던 것과 다른 모습 때문에 실망한 경우도 있다. 필자의 감정은 차치하고, 이들이 성공을 이룬 것은 틀림없는 사실이다. 아무나 경험할 수 없는 성공이므로 이들은 현실에 안주하지 않는다. 나아가 새로운 기적을 만들기 위해 불철주야로 뛰고 또 뛰고 있다. 이들의 눈빛이 살아 있는 이유다. 모 기자 선배는 성공한 프랜차이즈 CEO의 눈빛이 짐승의 눈빛과 닮아 있다고 했는데, 고개가 끄덕여진다.

2~3시간의 짧지 않은 인터뷰를 진행하면서 온갖 질문에 일일이 답해주신 CEO분들께 이 책을 빌려 다시 한 번 감사의 말씀을 전한다.

한 번에 간단하게 정리하는 창업 Flow

창업 준비
30계단

한국에는 268만 명의 소점포 창업가가 있고, 268만 개의 다양한 창업 스토리가 존재한다고 한다. 또 한 해 동안 88만 개 (신규 창업자 88만 명)의 새로운 창업 스토리가 만들지고 79만 개의 폐업 스토리(폐업자 79만 명)가 생겨난다. 생존율이 10퍼센트에 불과하다는 얘기다. 이렇듯 치열한 창업 시장에서 실패를 경험하지 않기 위해서는 탄탄한 창업 계획이 기본이 되어야 한다. 과연 나만의 창업 스토리는 어떻게 만들어 나가야 할지 고민이라면 지금부터 소개하는 30개의 창업 준비 계단을 차근차근 올라 성공이라는 전망대에 도착해보자.

관광 레저 회사의 이사로 부러움을 사던 홍길동 씨. 그는 재래시장에 조그만 사골국 판매점을 결심했다. 주변사람들은 누가 번거롭게 사골국을 사다가 먹겠느냐고 우려했지만, 그는 우직하게 밀고 나갔다. 낯익은 아이템에 비하면 위험천만하지만 장시간 사골을 고아 먹기 편하게 포장해 판매하는 그의 아이템은 독창성이 돋보이는 틈새 비즈니스였고 '첨단 업종'이라는 판단이었다.

창업자들은 마음이 성급하면 겉만 보고 업종을 선택하고 판단하게 된다. 지금 손님이 줄 서서 기다리는 가게가 있다고 해도 미래는 알 수 없다. 그런 업종은 당장은 소비자를 충동시키지만, 지속적으로는 소비 욕구를 충족시키지 못할 수도 있다. 짝퉁 가게를 낸다면 손바닥 뒤집기처럼 쉬워서 금세 경쟁이 뜨거워지고 식상해지는 업종일 수도 있다. 창업가는 나만의 독창성을 갖추고, 지속 가능한 경영을 확보할 수 있는 업종과 아이템을 골라야만 자신 있게 초행길을 헤쳐 나갈 수 있다.

조선 시대의 최고 거상 임상옥은 중국인을 상대로 한 인삼 판매상이었다. 그는 중국 사람들의 눈을 번쩍 뜨이게 할 만큼 최상품의 인삼을 식별할 능력이 있었다. 유명한 '총각네 야채 가게'의 차별화된 능력 또한 상품

선별력이다. 가락동 농수산물도매시장에서 제품을 수급하는 소매상은 수 없이 많지만 잘나가는 소매상은 극소수다. 그들은 어떻게 성공할 수 있었을까? 유통 구조를 논리적으로 파악하고, 돈 되는 제품을 식별하고, 그것을 자신의 독창적 아이템으로 차별화했기 때문이다. 아이템을 발견하는 것은 아이디어일 뿐이다. 그 아이디어는 유통 구조, 즉 시장에서 검증해야 한다. 한경희 사장은 물걸레 청소기라는 아이템을 발견하고 전자상가에서 발품을 팔며 실천 가능성을 타진했다. 덕분에 그녀는 지금 연간 1천억 원대의 생활가전업체를 일구고 있다.

step 3. 고객 트렌드 분석

1997년에 처음 등장한 '트렌드'라는 말은 창업자들에게 신선한 단어였다. 트렌드를 읽으면 돈 버는 맥을 짚을 수 있었다. 산업화와 패스트푸드점, 여가 생활과 캐주얼 의류점, 정보 사회와 PC통신 정보 제공업에서 보듯이, 트렌드와 창업의 관계는 불가분의 관계였다. 파파이스, 헌트 같은 대리점을 차린다는 건 곧 사업적 성공을 뜻했다.

그러나 이제는 트렌드만 알아서는 돈을 벌기 힘들어졌다. 소비 트렌드는 세분화되고, 영역별로 빠르게 변화하고 있기 때문이다. 소점포 창업가는 세부적인 변화를 포착해야 한다. 장사를 통해 나만이 연출할 수 있는 장면을 구상해야 한다. 실제로 어느 뚱뚱한 창업가는 뚱뚱한 사람만을 대상으로 빅 사이즈 의류를 팔아 월 1억 원대의 매출을 올리고 있다. 또 군대를 갓 제대한 젊은 창업가는 자신과 같은 나홀로족을 대상으로 인터넷에서 죽을 판매해 탄탄한 식품 판매 중소기업을 일구었다. 그렇다면 나의 고객은 누구일까? 또 그들만의 구체적인 트렌드는 무엇일까? 고객의 취향을 잘 분석해야 성공한다.

step 4. 확실한 수입 목표 수립

아이템 콘셉트, 시장 조사, 유통 구조 파악, 소비자 선택 같은 그동안 수행한 내용을 하나로 통합할 필요가 있다. 전체 그림을 하나로 그리면서, 돈을 버는 비즈니스 모델을 창출해야 한다는 것이다. 전체 그림은 일단 사업 배경에서 출발한다. 그리고 소비자의 요구와 현실적으로 부합하는가, 유통 구조상 돈 벌 기회가 충분한가를 따져봐야 한다. 그다음에 사업의 목적과 비전을 수립해야 할 것이다. 이는 대학에 합격하기 위해 입시 전략을 짜거나 직장에서 신규 사업의 사업 제안서를 놓고 고민하는 것과 같다. 수입 목표가 불명확하면 어떤 사업을 하더라도 흐지부지해지기 십상이다.

step 5. 목 좋은 점포 구하기

선택의 폭이 넓을수록 좋은 점포를 고를 확률이 높다. 그만큼 많은 점포를 관찰해야 한다. 전국대회에서 뽑힌 미녀가 지역대회에서 뽑힌 미녀보다 예쁜 것과 같은 이치다. 조사 도구는 상세 지도, 디지털카메라, 필기도구와 '나(창업가)의 발품'이다.

상세지도에 표기된 지하철역 주변, 자동차도로의 교차 지점, 대단위 아파트 단지의 유입로는 반드시 돌아보아야 한다. 중·고등학교 앞, 오피스 단지 앞 같은 곳은 문구점, 분식집, 사무용품점이 적합하다. 이런 장소에는 이런 업종이 아니면 실속이 없다.

점포도 사람처럼 훤칠하고, 개방적인 게 좋다. 전면이 넓고, 앞 공간이 트여 있는 점포가 좋다는 말이다. 지하철역 출입구, 횡단보도, 버스정류장 같은 유동 인구 밀집 지점에서 점포의 간판이 잘 보인다면 금상첨화다. 점포 한번 잘 구하면 평생이 행복해질 수 있다.

step 6. 창업 자금 만들기

우리나라엔 개성상인이라는 훌륭한 창업 자금 모델이 있다. 태평양화학, 신도리코, 삼립식품 같은 국내에서 가장 탄탄한 기업의 창업가들이 모두 개성상인 출신이다. 개성상인의 상도는 무차입 경영, 신뢰 경영, 한 우물 경영 등으로 대표된다.

주식을 발행하는 법인과 달리 개인 창업은 외부 자금의 차입이 고스란히 위험 부담이 된다. 또 이자는 모두 고정 지출로 연결된다. 총 자본금에서 차입금의 비율을 따지는 것보다 자산 대비 대출 가능 금액에서 적정

운용 금액을 정하는 것이 좋다. 그래야 위기가 올 때 정말 귀중한 운영 자금을 조달할 수 있다.

step 7. 점포 임대 계약

점포 호가엔 반드시 거품이 있다. 특히 권리금이 그렇다. 점포엔 공시 가격이 없기 때문이다. 많게는 권리금 가액의 50퍼센트를 잘라낼 수도 있다. 중요한 것은 협상력과 화술이다. 부동산 중개업소를 적극적으로 활용하자. 최소 금액에서 시작하다 보면 경매처럼 중간선에서 절충 가격을 찾게 된다.

점포 임대 계약은 기존 임차인과의 권리금 계약, 건물주와의 임대 계약으로 나누어 진행하는 것이 일반적이다. 건물주에게 인테리어 공사 기간에 대한 '임대료 공제'를 제안하는 것도 좋다.

step 8. 인테리어 구상

점포 인테리어 작업을 할 때, 고급 패션도 좋지만 실용적 패션이 더 중요하다. 그리고 보이지 않는 공간과 보이는 공간의 실용성도 중요하다. 보이지 않는 곳은 환기, 상하수도, 직원 공간, 창고 등이다. 보이지 않는다고 인테리어를 소홀히 하면 두고두고 말썽이 된다.

보이는 공간은 예술처럼 독창성이 필요하다. 꼭 비싼 자재로 화장하지 않아도 된다. 아마추어 미대생의 벽화도 예술이고, 백남준의 비디오아트도 예술이다. 찌그러진 양은 주전자도, 옛날식 드럼통 테이블도 아이템에 따라 훌륭한 인테리어가 될 수 있다.

step 9. 점포 이름 짓기

식구들을 모두 불러 모아 점포 이름, 브랜드를 결정하라. 여기저기 이런 말, 저런 말이 쏟아져 나온다고 해서 말하는 것을 제지해선 안 된다. 브레인스토밍(brainstorming, 자유로운 토론으로 창조적인 아이디어를 끌어내는 일)의 원칙은 비판하지 않는 것, 가능한 한 많은 말을 하도록 하는 것이다. 나온 말은 모두 적어놓고 연결시켜본다. 화장품 브랜드를 예로 들어보자. 관련 단어를 떠올리면 얼굴, 피부라는 말이 먼저 나올 것이다. 이것을 누군가 '페이스', '스킨'이라고 영어로 바꿔봤다. 그렇게 접목해서 '더페이스샵'이 탄생했다. 누군가는 뚱딴지같이 '배고프다'라는 말을 내뱉었다. '피부'와 '음식'을 접목했더니 '스킨푸드'라는 멋들어진 브랜드가 탄생했다. 아이디어를 잘 엮어보면 생각지도 않았던 괜찮은 점포 이름이 나올 수 있다.

step 10. 제품 바로 알기

　제품은 마케팅의 기본이다. 마케팅의 4P에서 가장 앞에 나서는 것이 제품이다. 제품이 시원치 않으면 판매 촉진은 낭비일 뿐이다. 그런데 창업가들은 제품을 가장 뒤에 두는 경향이 있다. 아이템 잡고, 입지 선정하고, 인테리어하고 그러다 보니 뒤로 밀린다고 말한다. 곰장어구이를 창업하는 사람이 오픈일이 다 되도록 곰장어 잡는 법을 모르고 있다는 것이 말이 되는가? 그러나 실제로 그런 사례가 있다. 수족관에 빗물이 들어가 곰장어가 모두 폐사, 창업 후 3개월 만에 문을 닫고 만 것이다. 내가 판매할 제품을 정확하게 아는 것은 성공으로 가는 기본 중의 기본이다.

step 11. 제품 차별화하기

　나만의 제품을 만들기 연구 개발을 시작한다. 경쟁 업체의 유사 제품을 구매해 밤새도록 살펴보고, 뜯어보며 내 제품의 차별성을 더 강화한다. 사골국전문점을 운영하는 홍길동 사장은 조리 경험이 없었다. 홍 사장은 유명 곰탕집을 찾아가 제조법을 익혔다. 그러나 막상 해보니 뜻대로 되지 않았다. 경쟁 업체를 기웃거리며 관찰하다 혼쭐이 나기도 했다. 그러면서도 그의 눈은 빠르게 움직였다. 그의 머릿속에 제조 과정이 그려졌다. 나중에는 전문 조리사에게 수고비를 주고 조리법을 전수 받았다. 3일간의 마무리 훈련을 통해 그는 자신감을 얻을 수 있었다.

step 12. 원료 시장과 친하기

시장 조사할 때 누볐던 원료 시장을 다시 찾았다. 이번엔 원료 거래처를 확보하기 위해서다. 이젠 이곳이 낯설지 않고, 벌써 아는 체하는 상인도 생겼다. 여러 번 방문하면서 새로운 정보를 얻게 된다. 원료업체들은 다수의 소매업체와 거래하면서 새로운 동향을 재빠르게 파악하고 있다. 이 업체들로부터 입수한 정보가 사업에 획기적인 도움을 주는 경우도 있다. 이 밖에 포장지, 용기 같은 부대용품도 따로 구축해두어야 한다.

step 13. 적절한 가격 정하기

정해진 마진율은 없다. 음식점은 60~70퍼센트, 판매점은 30~40퍼센트라는 식의 마진율 계산은 구태의연하다. 대부분의 점포에서 그렇게 하고 있고, 그것이 일반적인 것일 뿐이다. 중요한 것은 손님들이 원하는 가치와 가격 간의 간극에서 고객 만족도가 결정된다는 것이다. 요즘 유행하는 가격 파괴는 가격을 내려서 손님들의 희망 가치와 실제 가격과의 거리를 줄임으로써 고객 만족도를 높이는 데 있다. 그러나 가격을 위한 가격 책정은 금물이라는 것을 명심하자.

step 14. 마케팅 달력 만들기

2차 가족회의를 소집했다. 제품 판매를 위한 다양한 아이디어가 필요해서다. 광고, 홍보, 판매 촉진, 인적 판매, 입소문 같은 식으로 그 판매 형태와 방법이 다양하다는 걸 확인했다. 대원칙은 물론 최소한의 비용으로, 비용 이상의 최대 효과를 창출하는 것이다.

대중매체를 이용한 광고는 그 비용 때문에 엄두가 나지 않는다. 건강용품, 건강식품, 라이프스타일 관련 서비스업 같은 업종은 방문 판매 같은 인적 판매가 특징이다. 맛에 자신이 있는 음식점이라면 입소문을 기대해도 좋다.

스몰 비즈니스 창업가는 찾아가는 마케팅이 효과적이다. 거리에 나가 시연회, 시식회를 하면 돈보다 시간과 노력이 더 들어간다. 이와 관련한 다양한 홍보 방법을 생각해보았다. 또 1년간의 마케팅 달력도 만들었다. 주먹구구식은 곤란하기 때문이다.

step 15. 서비스 전략 마련

이제 서비스도 과학이다. 친절한 것은 서비스가 아니라 기본이다. 서비스 전략은 친절한 태도로, 언제 손님에게 인사할 것인가, 어떤 말로 인사할 것인가, 인사 방법은 어떠해야 할 것인가를 설정하는 일이다. 무엇보다 마음에서 우러나오는 서비스가 중요하다는 사실을 잊지 않도록 한다.

step 16. 중간 점검을 해보자

빠뜨린 것 없이 잘 진행되고 있는가? 앞으로 해야 할 일은 무엇인가? 오늘은 체크리스트를 중간 점검하고 재조정했다. 가족여행과 병행하는 것도 좋을 것 같다는 생각이다. 멀찍이 떨어져 객관적으로 점포를 점검할 수 있고, 창업을 앞두고 가족들의 단합을 꾀할 수 있는 기회이기 때문이다.

step 17. 직원 구하기

중소기업의 가장 큰 애로사항은 직원 채용이다. 보수, 보상, 근무 환경 등이 열악한 것이 사실이지만, 사람은 지속 가능한, 성장하는 사업의 문을 열 수 있는 열쇠다. 그러므로 직원 채용은 긍정적인 사고로 임해야 한다.

업무와 관련해 가장 유능한 사람을 뽑는다는 생각과 유능한 사람에게 최대한의 보수와 보상을 준다는 원칙이 필요하다. 그렇지 않으면 매달 직원을 뽑는 데 많은 시간을 소모하고, 결국 노하우가 축적되지 않아 손실을 입게 되기 때문이다.

step 18. 홍보 전단 만들기

　전단은 쓸모없는 휴지조각이 되거나, 혹은 제작비의 몇 십 배에 해당하는 큰돈으로 변신하기도 한다. 휴지조각이 되는 전단은 카피가 빠져 있거나 그 내용이 모호하다. 손님들이 전단을 들었을 때 관심을 기울이기까지의 시간은 불과 몇 초도 되지 않는다는 걸 잊지 말자. 그렇다면 그 짧은 시간에, 어떻게 관심을 끌 것인가? 정곡을 찌르는 것이 문구일 수도 있고, 사진일 수도 있고, 가격을 나타내는 숫자일 수도 있다. AIDA 원칙을 고민하자. 소비자는 5초 안에 관심 갖고(Attention), 흥미를 느끼고(Interest), 갈망하며(Desire), 행동을 결정(Action)한다는 것이다.

step 19. 점포 경영 바로 알기

　소점포 창업가는 자영업주이면서 판매원이고, 서비스 매니저다. 나의 포지션은 어디에 있고, 손님에게는 어떻게 이미지를 구축할 것인가?

　한 골목에 두 곳의 일식집이 나란히 있는 걸 본 적이 있다. 그러나 육안으로 보아도 두 곳의 매출액은 큰 차이를 보인다. 한쪽의 사장은 일상복 차림에 딱딱한 표정으로 카운터에서 신문을 보고 있다. 다른 가게의 사장은 일식 조리사 복장에 높은 모자를 쓰고 테이블을 순회하며 서비스를 하고 있다. 과연 어느 곳의 매출이 더 높을까?

step 20. 사업자등록 하기

전화번호는 서둘러 받아두어야 한다. 간판과 홍보물에 넣어야 하고, 시설 공사 기간에도 활용해야 한다. 음식점 창업가는 한국음식업중앙회의 위생 교육을 받고, 관할 시·군·구에 신고증을 접수해야 사업자등록이 가능하다. 식품제조업, 식육판매점, 세탁소, 미용실 같은 허가업종은 시·군·구에 미리 사업 내용을 통보하고 담당 공무원과 협의해두는 것이 좋다.

사업자등록은 관할 세무서에 직접 가야 하는데, 사업자등록증에 표기된 대표자 이름을 보면서 가벼운 긴장감을 느끼는 것도 새롭게 각오를 다지는 계기가 될 것이다.

step 21. 주변 상가와 친해지기

아직까지 남아 있는 직장인 근성을 모두 버리자. 손님들은 용하게 사장을 알아보고, '사장님'이라 부른다. 그것은 존경의 표시가 아니라 더 많은 서비스와 만족을 누리기 위한 신호다. '사장님'이라는 호칭을 들을 땐 어떻게 고객을 만족시킬 것인가, 아니면 어떻게 고객의 불만을 해소할 것인가에 대한 대안을 머릿속에서 곧바로 연상시켜야 한다.

철저한 상인 정신으로 무장하지 않는다면 지금이라도 창업을 포기하는 것이 좋다. 또 주변의 사장들과 인사를 해두는 게 좋다. 그들은 새롭게 진출한 점포의 사장이 누구인가 궁금해한다. 자신에게 득이 될지, 해가 될지를 알고 싶기 때문이다. 크고 작은 점포 분쟁은 의외로 같은 지역의 점포주 사이에서 빈번하게 벌어진다.

step 22. 세무 · 회계 공부하기

세무사를 통해 기장 대행을 하는 것이 좋다는 쪽과 직접 하면 돈을 절약할 수 있다는 쪽이 있다. 일반적으로 기장 대행료는 월 10만 원 수준이다. 사업 조합이나 동업종 교류가 이루어지는 경우엔 훨씬 저렴하다. 예를 들어 우유 대리점들은 동종 점포들이 공동으로 맡겨 50퍼센트 가까이 절감시켰다. 사업주가 직접 회계를 맡고 또 그것을 즐긴다면 얼마든지 본인이 세무 업무를 볼 수 있다. 세액 산출과 신고가 예전에 비해 훨씬 간소화되어 있기 때문이다. 특히 국세청 홈텍스라는 인터넷 서비스를 이용하면 부가가치세, 소득세 등을 시뮬레이션한 후 곧바로 결제까지 할 수 있다. 그렇다 해도 한 가게를 운영하려면 어느 정도의 세무 · 회계 상식은 기본이다. 쉬운 책을 골라 공부할 필요가 있다.

step 23. 멋있는 간판 달기

간판은 점포의 얼굴이다. 간판은 POP(Point of Purchase · 구매 시점 광고)의 기능에 엑스테리어의 기능까지 겸비하는 중요한 홍보 수단이다. 점포가 밀집해 있는 상권에서는 '간판 전쟁'이라는 말이 나올 만큼 저마다 튀어 보이기 위해 신경전이 치열하다.

가장 일반적인 간판 형태는 파나 플렉스 방식이다. 파나 플렉스는 간판 재질의 일종으로 사진과 문구의 색상을 잘 살려주는 장점이 있다. 네온 간판은 전통적인 방식으로 한동안 사라졌지만 최근 다시 인기를 누리고 있다. 불빛이 점등하면서 현란한 이미지를 주어 눈에 잘 띄는 특성이 있다.

주류를 이루는 파나 플렉스 간판이 단면적이라는 단점을 공략하기 위해 잔넬 간판이 급증하고 있다. 이는 글자와 문양을 입체적으로 만들어 고급스러운 장점을 갖는다. 옹기를 붙이거나 그림을 직접 그리는 것과 같이 간판은 사업 콘셉트를 극명하게 표현하면서 진화하고 있다.

step 24. 집기 · 가구 사기

인테리어의 공정은 설계, 철거, 기초 설비, 목공, 도색, 조적, 바닥, 전기 같은 순으로 진행됐다. 점포 하드웨어의 남은 공정은 집기와 가구를 세팅하는 일이다. 인테리어업체에 직접 맡길 수도 있지만 내구성과 실용성이 중요한 만큼 창업가가 챙기는 것이 좋다고 생각한다. 조명은 전 업종에 걸쳐 중요하지만, 판매점에서는 제품의 특성을 효과적으로 살리는 수단이다. 음식점의 경우엔 주방에 들여놓을 냉장·냉동고, 싱크대, 작업대 같은 주방 집기가 필요하고 테이블, 의자도 세심하게 배려해야 한다. 그릇은 황학동 주방 도매시장, 남대문시장 등에서 마련할 수 있고, 도자기 공장에 가서 주문식으로 제작할 수도 있다.

의류점, 액세서리점 등 판매점은 진열장, 제품 전시 기구 등의 구도를 잡아야 한다. 무엇보다 중요한 것은 고객의 구매 이동 동선과 제품의 위치가 합리적으로 조화를 이뤄야 한다는 점이다.

step 25. 제품 디스플레이

점포의 화룡정점은 디스플레이다. 인테리어가 다 끝났지만 무언가 부족하다고 느껴지는 것은 디스플레이가 취약하기 때문이다. 디스플레이는 인테리어의 부분으로 생각하는 경향이 있는데 사실 독자적인 전문 영역이다. 뛰어난 디스플레이 전문가는 보통의 인테리어도 돋보이게 하는 재주가 있다. 아무리 좋은 제품도 디자인이 떨어지면 인기를 얻지 못하는 것과 마찬가지다.

step 26. 시뮬레이션

전망대에 가까이 다가갈수록 마음이 초조해진다. 그동안 열심히 계단을 오르다 보니 지치는 것 같기도 하다. 속 모르는 친구들은 벌써 "사장님 된 걸 축하한다"며 흰소리를 한다. 돌다리도 두드려보고 건넌다고, 가족과 친구들을 불러 가상 영업을 한다. 가족과 친구들에겐 실수할 수 있지만 손님들에게 오류를 범해서는 안 된다. 친구에게 소임을 맡겨 가상의 손님에게 서비스하는 시뮬레이션을 한다. 직원들의 태도, 말씨, 업무 지식 등을 점검하고 재교육한다. 이러한 시뮬레이션은 한층 자신감을 얻을 수 있는 기회가 될 것이다.

step 27. 문제점은 없는가?

시뮬레이션에서 수많은 문제점이 드러났다. 더 철저하게 준비했으면 하는 아쉬움이 남는다. 그러나 이제는 실전이다. 시정할 수 있는 것은 최대한 보완한다. 하자 있는 제품은 반품하고, 거래처에 시정 조치를 요구한다. 손님이 불편해하거나 불쾌해할 수 있는 것은 당장 고치고, 서비스에 걸림돌이 되는 요소들을 보완해야 한다. 음악에서 직원 복장까지 나만의 경쟁력을 만들어가는 것이다.

step 28. 홍보 전단 뿌리기

손님을 맞을 준비가 되었다. 전단을 들고 길을 나선다. 이제 창업가로 다시 서서 새로운 인생을 개척하는 길이다. 행인들의 시선에 왠지 주눅이 든다. 처음엔 말없이 전단을 건네지만 귀찮은 듯 지나친다. 새로 오픈하는 매장임을 알리고, 사은품과 이벤트를 홍보한다. 이제야 행인들은 귀를 기울이고, 전단을 받아든다. 창업가가 소극적이면 고객은 더욱 소극적이란 걸 잊지 말자.

step 29. 마지막 종합 점검

창업 이념과 비전은 대기업에만 존재하는 것이 아니다. 작은 가게에도 필요하다. 나는 손님들에게 무엇을 줄 것인가, 또 직원들에게 무엇을 해 줄 것인가, 또 나 자신은 어떤 비전을 세울 것인가? 1년 후, 10년 후 나의 구체적인 비전은 사업의 바이블이 될 것이다. 사업을 앞두고 모든 것을 마지막으로 최종 점검하자.

step 30. 드디어 신장개업

신장개업일은 단 하루밖에 없다. 손님들은 잔뜩 기대하고 있다. 엄정한 평가단처럼 손님들은 자신의 기존 경험과 지금을 비교한다는 걸 잊지 말자. 겉으론 그렇지 않은 표정을 하고 있지만, 내 눈을 크게 뜨고, 귀를 쫑긋 세우면, 손님들 마음을 알 수 있다. 찡그리는 표정이 있거나 손님들끼리 수군거린다면, 그것이 무엇을 의미하는지 파악해야 한다.

손님의 불만이 타당한 것이라면 즉시 바꾸어야 한다. 불만이 쌓인 채 한 달이 지나면 이미 고객은 사라지고 없다. 신장개업은 창업을 기념하는 날이지만 손님들의 엄정한 소리를 듣는 날이기도 하다는 사실을 마음에 새기자.

10평의 기적

작은 점포로 대박 낸 소자본 창업 성공기

인쇄일 초판1쇄 | 2010년 10월 19일
발행일 초판1쇄 | 2010년 10월 25일

지은이 | 김미영

발행인 | 유승삼
편집인 | 이광표
출판팀장 | 국견
책임편집 | 양영광
편집 | 한정아
디자인 | 씨오디
사진 | EOimage(02-798-2557)
마케팅 | 안영배
제작 | 오길섭

발행처 | (주)서울문화사
등록일 | 1988. 12. 16 등록번호 | 제 2-484호
주소 | 서울특별시 용산구 한강로2가 2-35 (우)140-737
전화 | 799-9154 마케팅 | 791-0756
FAX | 799-9334 마케팅 | 749-4079
홈페이지 | http://books.ismg.co.kr 이메일 | editor2@seoulmedia.co.kr
인쇄처 | 서울교육

copyright © 김미영, 2010

ISBN 978-89-263-9051-1 (03320)